RICH
ARK
致富方舟

RICH
ARK
致富方舟

日本散戶傳奇的

小型成長股獲利法則

退職金を株で40億円にした元会社員が教える
小型成長株投資術

10倍飆股這樣選！

打造年化報酬率30%的選・股・戰・略

今龜庵 — 著　　黃昱翔 — 譯

方舟文化

國家圖書館出版品預行編目(CIP)資料

日本散戶傳奇的小型成長股獲利法則：10倍飆股這樣選！打造年化報酬率30%的選股戰略／今龜庵 著；黃昱翔譯. -- 初版. -- 新北市：方舟文化出版：遠足文化事業股份有限公司發行，2023.02
面；　公分. --（致富方舟；4）
譯自：退職金を株で40億円にした元会社員が教える 小型成長株投資術
ISBN 978-626-7095-98-0（平裝）
1.CST: 股票投資 2.CST: 投資技術 3.CST: 投資分析
563.53　　111021914

方舟文化官方網站　方舟文化讀者回函

致富方舟 0004

日本散戶傳奇的小型成長股獲利法則

10倍飆股這樣選！打造年化報酬率30%的選股戰略

退職金を株で40億円にした元会社員が教える 小型成長株投資術

作者　今龜庵｜**譯者**　黃昱翔｜**封面設計**　職日設計｜**內頁設計**　黃馨慧｜**主編**　邱昌昊｜**行銷主任**　許文薰｜**總編輯**　林淑雯｜**讀書共和國出版集團**　**社長**　郭重興｜**發行人**　曾大福｜**業務平台**　**總經理**｜李雪麗　**副總經理**｜李復民　**實體通路暨直營網路書店組**｜林詩富、陳志峰、郭文弘、賴佩瑜、王文賓、周宥騰　**海外暨博客來組**｜張鑫峰、林裴瑤、范光杰　**特販組**｜陳綺瑩、郭文龍　**印務部**｜江域平、黃禮賢、李孟儒｜**出版者**　方舟文化／遠足文化事業股份有限公司｜**發行**　遠足文化事業股份有限公司　231新北市新店區民權路108-2號9樓　電話：（02）2218-1417　傳真：（02）8667-1851　劃撥帳號：19504465　戶名：遠足文化事業股份有限公司　客服專線：0800-221-029　E-MAIL：service@bookrep.com.tw｜**網站**　www.bookrep.com.tw｜**印製**　沈氏藝術印刷股份有限公司　電話：（02）2270-8189｜**法律顧問**　華洋法律事務所　蘇文生律師｜**定價**　380元｜**初版一刷**　2023年02月

推薦序

掌握本益成長比，創造打敗大盤報酬率

陳喬泓／成長股達人

我開始投資前幾年績效並不好，最主要的原因是我不知道該如何評估一檔股票的合理股價，當你無法確切知道一檔股票的真正價值，所有的進出都會變成憑感覺，這樣的結果就是當你賺點蠅頭小利出場後，往往股價才開始啟動大漲行情。

我的投資績效是在二〇〇九年學會使用本益成長比（PEG）後，才開始呈現顯著提升，投資資產在過去十三年（二〇〇九～二〇二一年）成長了十九倍，能夠創造打敗大盤的投資報酬率，主要的原因是因為我選擇買進小型成長股！

英國成長股大師吉姆・史萊特的經典鉅作《祖魯法則》提到，過去五十年來小型股的表現遠勝大盤八倍，因此，一般投資人如果想在短時間創造高報酬，最好的投資策略就是買進小型成長股。

如何計算成長股的合理進場價格？可以參考史萊特提出的「本益成長比」公式。有投資資歷的投資人應該都知道，本益比不是一種有效率的指標，因為本益比只能呈現過去的獲利表現，但股價能否上漲，主要是看未來成長性，所以買股票不能只單看本益比，必須連同企業的獲利成長性一併考量。

原始本益成長比的公式為以「本益比」除於「每股盈餘成長率」，得到的數字低於一以下，代表股價低於合理價，如果低於〇．七五，代表股價遭到嚴重低估值得買進。雖然本益成長比是成長股的最佳公式，但有時候會有評估落後的情況出現。

本書作者提出了進化版「今龜庵流」本益成長比，以「下一季的預期本益比」除於「每股營收成長率」，搭配《四季報》、即時公開資訊與各類股市入口網站，用下一季的預估數據取代本季數據，用營收成長取代盈餘成長，就能比其它人提早一步優先布局！

日本散戶傳奇人物今龜庵，二〇〇八年次貸風爆事件爆發後，拿出大半退休金在市場最恐慌的時刻投資J-REIT（日本不動產投資信託），資產在一年內成長七倍。之後，把資金集中在長期持有小型成長股，並以本益成長比做為買進指標，截至二〇一七年底，資產大幅成長兩百倍！

書中除了詳細介紹改良版的本益成長比公式，讓原本的落後指標變成更加精準的領先指標外，也分享了小型股的選股心法，其中，優先關注的四大方向包括：業績成長幅度可望達三〇％以上、出現刺激業績飆漲的材料、時代潮流興起的主題概念、以及遭到倒賣時價格有望反彈等，從上述四大方向入手，搭配財報與獨家改良本益成長比指標，你也能提前布局超強成長潛力股！

或許有些人內心會有疑惑，本書是以投資日股為主，同樣的方法適用於台股嗎？我想答案是肯定的。作者看了逾百本投資著作（同樣的，我也不例外），而大部分的經典大師作品都是來自於歐美居多，或許不同地方的投資規範及產業模式不完全相同，但我認為投資的基本原理都是相通的。

我與作者今龜庵素昧平生，但當我翻閱此書時，卻有一種意外的熟悉感，有時會覺得這個觀點跟我相同、有時會覺得這句話讓我感同身受，追根究柢，是因為正確的投資策略，邏輯觀念都是相近的。

雖然作者只用了十年時間，順利讓自己的資產增加了兩百倍，相當令人稱羨。深究其中，這其實是累積多年的經驗及知識累積的完美呈現。如果你也想要加快資產的累積步伐，對小型成長股所創造的出色報酬感到躍躍欲試，那麼超過五十年的實戰經驗累積成冊的《日本散戶傳奇的小型成長股獲利法則》，將提供投資人最佳解答！

目次

◎書中股票代號均屬日股。書中未特別標註的數據或資料，皆為二〇二二年四月十八日當下的資訊。本書刊載內容僅為有助股市投資的參考資訊，投資者個人的任何決定及重大判斷，其風險都必須自行承擔。本書已盡最大努力，確保書中內容正確無誤，但若是在二〇二二年四月十八日後，市場狀況出現任何重大變化，恕不對該變化予以回應，特此告知。

第2章

現在投資來得及嗎？

第3章 十倍股的先決要件

第4章 發現潛力產業標的

第5章 五十年股海經驗談

作者序

重大戰果，源自數十年經驗累積

我在雷曼兄弟事件爆發後，撥出了相當三分之二退休金的兩千萬日圓展開投資（依二〇〇八年十月底匯率計算，近七百萬新臺幣），用大約一年的時間，讓這筆資產增值七倍，順利加入身價「破億」投資人的行列。而後在二〇一二年底開始的安倍經濟學行情中，我也接連靠著漂亮的操作，於二〇一七年底成功讓資產成長到當初的兩百倍。

面對種種關鍵時刻的同時，我在推特上以「今龜庵」的名義，發表一些個人的投資方式與成果，不僅一下子拓展了我與其他投資人之間的交流，同時受到媒體圈的關注，多次獲邀接受採訪。

這又進一步擴大了迴響，如今更接連湧入書籍寫作或座談會講師等相關邀約。這都是我在六十歲退休的那個時間點，完全無法想像到的發展，人們說的「人生總是充滿戲劇性的變化」（**人生は波瀾万丈**），大概就是這樣的感覺吧。

細節我會在之後另行說明，不過我剛開始鎖定的決勝投資對象，其實並非股票市場。當我發現 **J-REIT**（日本不動產投資信託）在雷曼兄弟事件的衝擊下，正以不尋常的價位被大量拋售時，我就覺得這種情況不可能會是常態，因此拿出了兩千萬日圓全數投入 J-REIT，展開了一場關鍵的決戰。

話雖如此，但這並非孤注一擲的豪賭。當時我的目標不是賺取**資本利得（轉賣收益，或說增值收益）**，而是為了**股利收入（報酬率，或說配息）**。然而，其報酬率實在高得非比尋常，這種數字只有像雷曼兄弟事件這種百年難得一見的大恐慌爆發，才有可能看到。

我當時考量的是，縱使市場（價格）持續低迷，只要有超高報酬率的股利收入進帳，要維持退休後的生活也是綽綽有餘。

就結果來看，那似乎只是衝擊過大導致市場過度反應，價格很快便恢復過來。正如開頭所述，我大約在一年後獲利了結，獲得了一筆龐大的資本利得，拿下資產增加七倍的好彩頭。

在雷曼兄弟事件爆發不久後就取得首次重大勝利的我，之所以將目標轉移到股市，原因並不在於我觀察到安倍經濟學行情即將到來的徵兆，而是在**看遍所有金融市場後，深刻感受到股票市場高投資報酬率的魅力**。

即便您是看到「投資報酬率」也毫無反應、沒有任何投資經驗的讀者，也請放心，只要看過本書之後就能夠瞭解了。

安倍經濟學行情來臨前，日本的股票市場可說是陷於一片愁雲慘霧之中。當時不但通貨緊縮惡性循環的情況日漸嚴重，民主黨政府也遲遲未推出任何有效的經濟政策，雪上加霜的是二〇一一年三月十一日，遭受了東日本大地震的侵襲，更別說那之後發生的核災事件了。

在如此黑暗的情況下，讓我找到一線希望的，就是當前有高成長率、今後仍有望維持其成長動能的小型股。當時，市面上的股市投資入門書，多半不會推薦投資人入主小型股，而我之所以會著眼於小型股的原因，將會在第一章向各位說明。

總之，從結果看來，我的眼光應該沒有問題，隨著安倍經濟學行情到來，當時持有的股票也隨之復甦成長。到了二〇一五年，兩千萬日圓的本金已增長到二十億，這時我將其中的一半轉投不動產，其餘資金繼續留在股票市場投資。

那時為何會做出這個決定，原因容後詳述。當時購買的不動產包括一棟別墅，每年從五月的長假開始到賞楓季為止，我都會在那裡待上半年左右，度過一段閒適的隱居生活。我也會要求自己在這段所謂的充電期，拋下投資市場的所有事情（雖然還是控制不了自己的好奇心，不時確認股價的變化就是了……）。

到了二〇一七年底，我的本金已成長了兩百倍，其後雖然在二〇一八年經歷股災，又在二〇二〇年受到新型冠狀病毒的疫情影響，但截至二〇二二年四月，總資產依然還能保持在四十億日圓（依二〇二三年一月匯率計算，約九億新臺幣）以上。

看到這裡，也許有許多人會認為「這人的運氣好到跟中頭彩沒兩樣」吧，說不定還有

圖 01 筆者退休至今的資產變化圖表

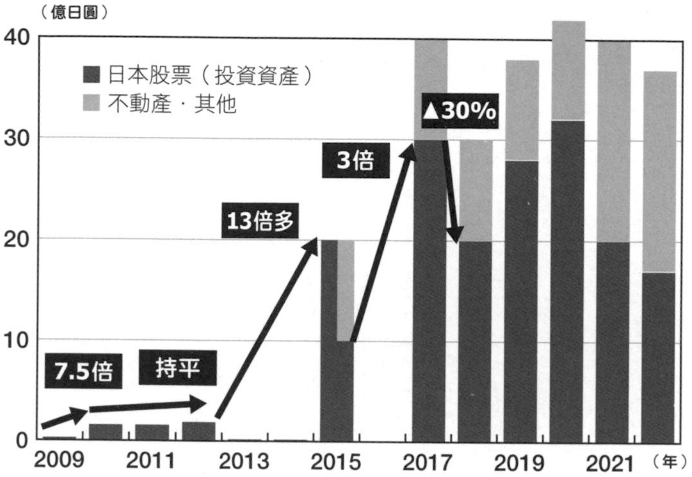

註：成長表現以股票投資資產為基礎。2022 年僅至 3 月底。

人會覺得：「這就是新手運啊，而且還是空前絕後的超級強運！」而對此感到驚訝。

我本身也非常清楚，自己有多麼幸運。完全沒想到竟然能接連碰上像雷曼兄弟事件，還有安倍經濟學行情這樣千載難逢的大好機會。

只不過，很多人對此都有一個重大的誤解，那就是，**也許我是有這運氣，但在投資方面，我絕非新手**。

從大學時代開始，我對股票投資便有著相當程度的興趣，並且實際在市場中累積著經驗。即便出了社會，也依然持續進行投資，不過當時只是每個月靠投資賺點零用錢，程度無法和退休後相提並論。

話雖如此，**從學生時代起累積至今的近五十年實際交易經驗，大概就是讓我能在退休後取得重大戰果的原因**。

我之所以寫下這本書，其實是希望可以讓更多的人，跟我過上相同的幸福退休生活。而能實現這份願景的捷徑，就是投資股票。我由衷期盼諸位讀者在這個市場獲得成功，但願本書能帶給各位一點幫助。

第1章

億萬散戶成長之道

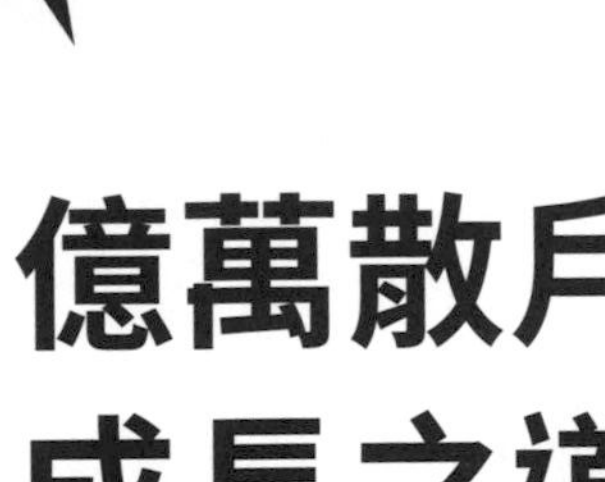

赴美求學，文化衝擊打開投資視野

我從大學畢業之後，進入公司當個上班族，一路工作到六十歲退休，在領到那筆三千萬日圓（依當時匯率，約一千萬新臺幣）的退休金時，腦中突然閃過一個念頭。

「難道我就只能領著手上的這筆三千萬日圓，以及今後的老人年金度過這一生嗎？」

那絕非「就只能這樣了吧……」的灰心喪志，反倒更像是「怎麼可以就只有這樣啊！」的強烈意志。

好巧不巧，我退休的時間點，正好就在二〇〇八年雷曼兄弟事件爆發之後。證券市場遭逢前所未有的金融危機，就此陷入恐慌狀態。

然而，若是能在金融市場全面處於悲觀的情形下，逆勢採取行動的話，不就能為自己的人生拓展更大的視野嗎？於是，我抱持著這樣的想法，誠如序中所述，拿出退休金投入這場關鍵的勝負，一舉達成資產「破億」的壯舉。

看到這兒，或許不少讀者會認為，這不過是一個股市菜鳥拿到一筆龐大的退休金，於是投入股市孤注一擲，運氣好、瞎貓碰上死耗子矇中罷了。甚或覺得，一口氣拿出大半退休金投資，簡直有勇無謀，這樣想的讀者應該也不在少數吧。

我個人認為，**退休前從未接觸過投資的人，不應該跟我做相同的事**。我在退休前除了當個認真工作的普通上班族之外，從年輕時期開始，就過著和投資高度相關的生活，就是在這樣的前提下，我才敢肯定雷曼兄弟事件爆發後就是千載難逢的大好機會，毫無畏懼地投入自己的退休金。

那麼，我又是如何在年輕時就與投資結下不解之緣呢？這就與我過去長期在美國生活的經驗

Tips >>> 雷曼兄弟事件

雷曼兄弟控股公司（Lehman Brothers Holdings Inc）曾是美國第四大投資銀行，業務遍及全球，然受到二〇〇七年以來美國次貸危機（大量次級貸款違約、法拍屋驟增，相關金融機構接連倒閉）影響，財務面遭重創，股價持續下跌，至二〇〇八年九月十五日，正式宣告破產，後續全球股市重挫，諸多企業裁員，成為環球金融危機失控的標誌性事件。

有很大的關係。

由於父母親工作的關係，我十六歲時便赴美就讀當地高中，之後進入美國的大學就讀。日本人在財經方面最為人詬病的，就是現金、預備金通常占整體金融資產一半以上，但多數美國人卻有將近五成的資產是股票或投資信託，投資深植於他們的日常生活。

在美國生活的那段時間，我時常會接觸與華爾街有關的新聞，街頭巷尾也不時會討論這方面的話題。雖說日本一直都在提倡「拿儲蓄轉投資」的觀念，但這在美國老早就是國民基本常識了。

我就在這樣的文化中，度過了多愁善感的青春期，並在潛移默化下對投資自然產生了興趣，持續學習和累積投資經驗。

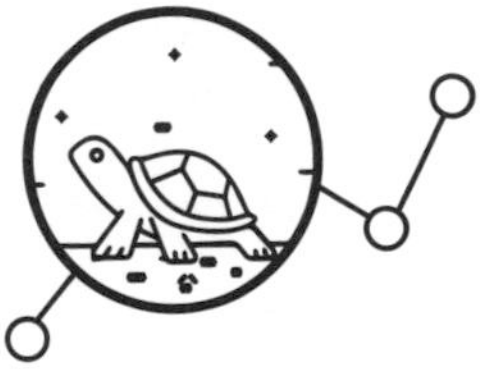

對錢的觀點，美日大不同

打從我開始在美國生活以來，日本人與美國人在金錢方面的認知差異，就讓我有非常深刻的體會。

撇開千百年來一直生活在美國的印第安原住民，以及被抓來當奴隸的黑人不談，幾乎所有美國人都是胸懷遠大夢想，渡海而來踏上了這片新天地。自一七七六年美國獨立建國以來，每個時代都有許多美國人將「美國夢」奉為信仰，視名聲或財富為畢生追尋的人生目標。

大眾對於這些成功圓夢的人們，通常會大方地予以讚賞，甚至會視之為值得崇拜的英雄，並且會為了讓自己更接近這樣的人而努力。

反觀日本，對於公眾人物或有錢人抱持忌妒心態者，從客觀的角度來看並不在少數。

例如，以「暴發戶」一詞揶揄在一代之內累積龐大財富的人，或是將透過股票投資等非勞務所得貶低為「橫財」，都是相當具代表性的案例。

日本人尊崇勤勉，視腳踏實地辛苦工作替社會貢獻一己之力為美德。這種心態本身其實沒有什麼問題，但正如同「清貧」一詞的存在，簡直像在彰顯透過非勞務所得致富就是旁門左道的社會風氣，我個人認為不是件正常的事情。

其結果，造成少數知名人物或富人時常得承受忌妒的目光，在極端的情形下甚至還會被當成惡人看待，受到社會大眾嚴厲指責的案例也時有所聞。這就是俗話說的「棒打出頭鳥」吧。

另一方面，日本相較於其他先進國家，社會保險制度實際上可說是做得相當充分。像是保障所有國民享受公共醫療服務的「國民保險」，或是一旦自負額超出特定額度、溢出額度就能獲得國家補助的「高額療養費制度」等等，國家提供給人民充分的協助。

相較之下，美國並沒有一套保障所有國民享受公共醫療的制度。公共的醫療保障，僅有提供給六十五歲以上的高齡人士和殘障人士的「聯邦醫療保險」，以及適用於低收入階層的「聯邦醫療補助」。

換句話說，主要勞動人口完全不在保障範圍內，只能自行購買保險公司的醫療保險方案，以這種方式保障自己的醫療權益。

雖說日本現在已將貧富差距惡化視為一大問題，但在實際接觸到國外的現況後，一種不協調感便油然而生。相對於以對自己負責的原則為前提，必須憑藉個人的努力增加財富，否則無法「安心」度日的美國，日本現在的貧富差距，看起來似乎也沒那麼嚴重了，不是嗎？

更何況，**如果國家遲遲沒有採取行動、積極消弭貧富差距產生的這股民怨，已是既定事實，那麼想和美國人一樣，憑藉個人努力增加財富也是很自然的事。**許多日本人雖然心裡覺得自己「窮得叮噹響」，卻又巴望著國家推動消弭貧富差距的政策，不免就有幾分想要「不勞而獲」的味道在了。

從賭場到市場，圖書館裡閉關修練

也許是在認知上受到美國人金錢觀的刺激吧，在開始進入當地大學就讀的時候，我便逐漸迷上前往拉斯維加斯玩二十一點，或是賽馬之類的娛樂。有段時間，甚至每天都要和三五好友打麻將。

想來，也許我本來就是個好勝心很強的人。小時候最熱衷的遊戲就是打彈珠和卡牌（漢字作「面子」，日本舊時童玩，類似尪仔標），靠著不斷獲勝把朋友們的牌和彈珠全都搜刮一空。

在我兒時生活的鹿兒島，當時無論是玩牌或打彈珠，都有一條「贏者全拿」的規則。為了得到別人的彈珠跟卡牌，我可是鑽研出了一套如何確實坐收勝利的戰術，而不是沒頭沒腦地跟著別人玩。

在我找到讓自己獲勝的準則後，附近孩子們的卡牌和彈珠便全都落到了我的手裡。到最後，身邊連一個願意一起玩的朋友也沒有，我也決定順勢從彈珠與卡牌的爭奪遊戲中畢業。

至於到手的一大堆戰利品（贏來的彈珠跟卡牌），全都在附近的公園被我給扔個精光了。

年輕時很熱衷的麻將同樣也是如此，朋友之間的勝敗往往伴隨著空虛感，自己的勝利就代表其他朋友的落敗，倘若一場遊戲還附帶彈珠或卡牌之類的戰利品，那就會演變為好友之間的你爭我奪了。

當時我在賭場不光是二十一點，包括撲克、輪盤、百家樂我都有廣泛的涉獵，總覺得只要持續累積經驗說不定就能順利獲勝。然而，包括賽馬在內的賭博型娛樂，其系統原本就是對莊家有利的設計，無論投入再多心力研擬對策，要持續且確實地每戰必勝，是件相當困難的事。

直到最後我才醒悟過來，其實就機率而言，莊家獲勝的機會還是比較大，縱使手氣再怎麼旺，長期看來依舊難逃由勝轉敗的命運。反之，**只要長期待在穩定可靠的賽局裡，長**

期來說能贏的可能性就相當高，如今這個教訓也被我運用在現在的股票投資上。

這件事暫且不提，當時我心裡開始產生「想在其他領域一決勝負」的想法。就在我經歷一番探索，尋找有什麼事情可以完全滿足我的好勝心時，一張報紙的股市版碰巧進入了我的視線。和日本的報紙一樣，美國的報紙也會刊載股市專版。

從那之後，每天瀏覽股市版觀察個別標的價位變化，便成為我的例行公事。就在日復一日思考「如果昨天買下這檔股票的話，就能賺這麼多錢啊……」的過程中，我對投資股票的興趣也越來越濃厚。

這種想要自己實際買支股票投資看看的想法，讓我在大學的圖書館裡翻遍許多與投資有關的書籍，其數量應該近一百本。

畢竟這都是五十多年以前的事了，確切的書名早已想不起來。只不過，早在美國的那段時間，我就已經吸收到充實的股票市場相關資訊和數據，無論是要學習基本的股市歷史與結構，或是PER（Price-to-Earnings Ratio，本益比）、PBR（Price-to-Book Ratio，股價淨值比）等指標，以及價值投資、成長投資等投資策略，甚至於技術分析等一般專業知識都不會有問題。

在具備上述基本知識後，我以打工賺來的錢作為資本，開始投資美國股市。當時能投入的金額畢竟有限，所以也沒有賺到多少錢。話雖如此，這件事對我而言就是進入股票市場的起跑點，此後也持續不懈地和股票市場對峙，這正是我之所以能在日後的關鍵勝負中邁向成功的重要原因之一。

Tips >>> 本益比與股價淨值比

本益比是價值投資中常用於評估股價是否合理的便捷指標，公式為「股價 ÷ 每股盈餘（即 EPS。此處使用預估 EPS 較為理想，但一般網站數據多使用歷史 EPS）」，得出的倍數，即意味買進後需多少年才會回本。一般認為本益比低於十二為便宜，高於二十則算貴。

股價淨值比也是用於估值的指標之一，公式為「股價 ÷ 每股淨值（Book Value per Share，BVPS，公司總資產扣除總負債後再除以在外流通股數）」，得出的倍數，意味公司的市值為淨值的多少倍。一般認為倍數小於一時，市值被低估，股價便宜；倍數大於一時，市值被高估，股價偏高。

必須提醒的是，以上指標並非一體適用於各類公司，也不宜單獨作為買賣依據。

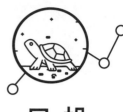

投入日股，只為下班後的酒錢

自從山一證券於一九九七年破產倒閉以來，已經過了四分之一個世紀，因此不少年輕讀者可能從未聽說過這家公司。在它被迫走上關門大吉這條路前，該公司可是日本的四大證券商之一。

我從大學畢業後，就進入山一證券的洛杉磯分公司任職。由於在大學時代就是透過該公司買賣股票，也才有這個緣分得到工作邀約。

不過當時的美國經濟，也受到相當嚴酷的環境考驗。不但通貨膨脹自一九六〇年代後半起加劇，進入一九七〇年代後，經濟更呈現停滯性通貨膨脹（景氣低迷同時通貨膨脹）的發展態勢。再加上一九七八至一九八二年，OPEC（石油輸出國組織）大幅拉抬石油價格，以及伊朗政變等重大事件爆發，進而引發第二次石油危機。股市價格自然也持續走低，我的收入也因此未見增長。

於是，我決定離開山一證券，回去日本重新轉換跑道。這回我任職的職場，是家與股票投資完全沒有關係的公司，主要業務是我在大學主修的資訊處理（系統工程師）相關工作。

身為一名極其平凡的上班族，工作之餘也開始投資日本股市，不過能投入的預算非常有限，所以頂多只能賺點零用錢。話雖如此，但畢竟每個月的薪水全都交給太太管理，若不仰賴股票收入，根本連去喝兩杯的餘裕也沒有。

這簡直是生死攸關的問題，因此就算只是小額投資，我也總是嚴肅以對。只可惜，在這段過程中我沒有成功大賺一筆，而是不斷重複著有輸有贏的投資賽局，只能賺到夠我每個月去喝兩杯

Tips >>> 停滯性通貨膨脹

停滯性通貨膨脹（Stagflation），指經濟成長趨於停滯，而失業與通貨膨脹同時持續增加的經濟現象，一方面源自經濟受劇烈供給震盪影響，原物料價格飆漲（如石油危機），另一方面則源自不當的財政貨幣政策。該現象打破了傳統總體經濟學中所認為的，通貨膨脹與經濟衰退不會並存。陷入停滯性通膨時，原物料商品、現金、債券等的投資報酬，往往比股市理想。

的酒錢。

然而，像這樣累積經驗的過程，卻對我在退休後面對關鍵時刻的挑戰上，帶來相當重要的助益。我深刻體會到，**掌握決勝時機的判斷力，就是透過不斷累積交易經驗培養出來的**。

長年磨練，才有危機入市的膽識

我拿到那筆三千萬日圓的退休金時，引發全球金融危機的雷曼兄弟事件（二〇〇八年九月）才剛發生不久。美國受不動產泡沫爆發影響，導致國內的大型證券商雷曼兄弟控股公司破產倒閉。

雷曼兄弟公司破產的消息，使得全球股市大受衝擊因而崩跌。金融危機的惡化造成景氣低迷，主要國家的中央銀行全都破例採取量化寬鬆政策。

當時輿論將這起事件，視為百年難得一見的重大危機，吵得沸沸揚揚。我卻認為，既然股價跌到這種程度，說不定反倒是個能大賺一票的好機會。如同先前所述，我從大學時代以來，便不斷在股市中累積投資經驗，所以這種時候，我才能具備在市場上做出妥善行動的自信。

我決定從三千萬日圓的退休金中，保留一千萬作為生活費，將**其餘兩千萬日圓投入這場關鍵勝負**。說實話，我知道全家人一定會反對這樣的決定，所以我是瞞著家人參戰的。

我很清楚萬一投資失敗，很有可能導致家庭崩潰，也就是說我必須背水一戰，挑戰這輩子最重大的一次交易。

經過一番調查後，我鎖定的投資目標是 J-REIT（日本不動產投資信託）。它是一種持有並且運用複數租賃不動產獲利的投資信託，跟股票一樣可以在證券交易所上市，其價格每天都會變動。

另一方面，這種投資工具會出租持有的不動產，並將租金收入定期分配給購買 J-REIT 的投資人。在我仔細審視《公司四季報》（会社四季報，東洋經濟新報社發行），看到卷末 J-REIT 專欄的當下，還以為自己眼花了。

通常，J-REIT 的報酬率若能達到五到六%左右，就能視為水準相當高的數字了。然而，在雷曼兄弟事件爆發後，**J-REIT 竟接連出現報酬率三〇%甚至四〇%以上的標的**。

崩跌的金融市場不僅止於股票，J-REIT 同樣如此。美國的泡沫破裂也重創了日本的不動產市場。二〇〇八年十月，一家名為 New City Residence 投資法人的 J-REIT 標的破產

圖 02 東京證交所 REIT 指數長期走勢圖

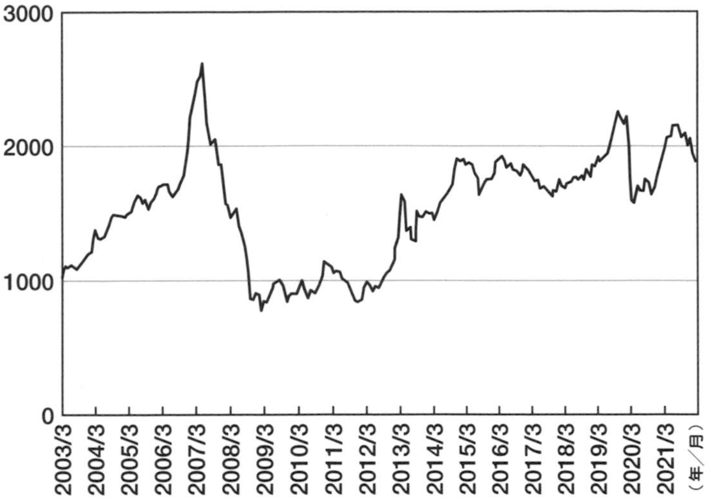

註：東京證交所 REIT 指數的基準日為 2003 年 3 月 31 日＝ 1000

Tips >>> REIT

全稱「不動產投資信託」（Real Estate Investment Trust），類似共同基金，但以不動產為投資標的物。透過不動產證券化與投資人的集資，讓投資人們不需要實質持有不動產，也可以享有不動產市場的交易、增值與租金獲利。其收益主要來自租金，故較為穩定，風險與報酬常介於股票與債券之間，派息率則通常優於股票。

（申請適用民事再生法）。此後，J-REIT 市場的其他標的也出現一波狂熱的拋售潮。截至該年底為止，東京證交所的 REIT 指數持續走跌。

最終，該指數在二〇〇八年創下過去最大的跌幅紀錄。近幾年雖然也曾在首波新冠病毒疫情影響下急跌，但跌幅根本無法和雷曼兄弟事件爆發後相提並論。

儘管市場如此恐慌，我還是重新審視並冷靜地思考眼前的狀況。New City Residence 投資法人之所以破產，主要原因在於資金周轉的狀況急遽惡化，這並非 J-REIT 市場的共通問題，也就是所謂的「個案」。

如同先前所述，J-REIT 的商業模式，是出租持有的複數不動產賺取穩定的租金收入，屬於一種中風險中回報的金融商品。如今，在整個市場一股腦瘋狂拋售下，報酬率超過四〇%的標的就此出現在我的眼前。

要是，我能趁現在拿出兩千萬日圓投入 J-REIT，年利率四〇%的配息（每年八百萬日圓）就指日可待了。倘若能有這麼多的收入，應該就不用再煩惱退休後的生活了吧。

於是，我選擇了報酬率一度高達四○%以上的日本Residential投資法人等多家標的，分散投入這兩千萬日圓。雖說資金全都集中在J-REIT，但我除了盡可能多投資幾個標的之外，也利用信用交易靈活運用資金槓桿（金融上的槓桿原理），進場決一死戰。

最終，在恐慌性拋售潮後的反彈下，J-REIT市場止跌反漲，大約一年後，我所持有的標的，其資產價值漲幅高達七倍左右。我很清楚適時退場的重

圖03 日本Residential（已終止上市）的月線圖

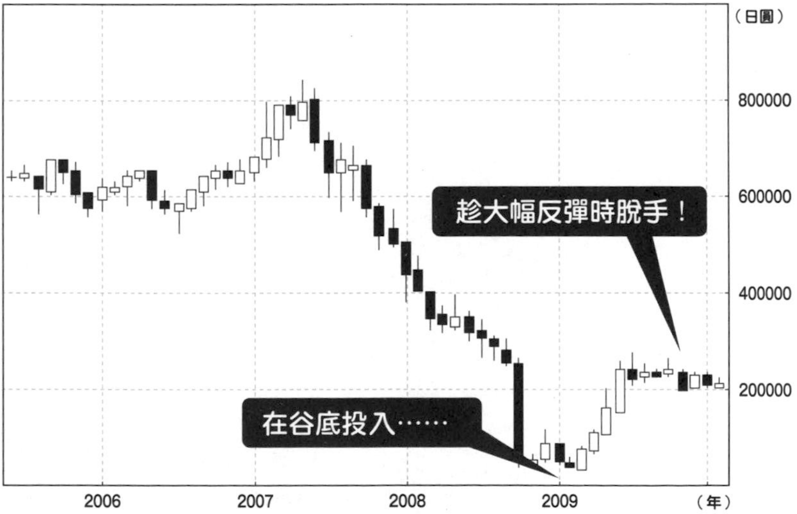

要性，便決定將持有的J-REIT全數出清，原先兩千萬日圓的本金回到手裡時，已經成長到一億五千萬日圓了。

如今再回顧這段投資過程，雷曼事件後的J-REIT市場崩跌，明顯就是一個異常現象。發生這種一輩子都不見得碰上一次的市場過度反應，而此時此刻我手邊又剛好有一筆充沛的資金，兩個偶然完美地重疊在一起。

就這個層面上來看，我可以說是相當幸運。但要是當時的我，還只是個新手投資人的話，大概就很難做出拿三分之二的退休金，投入J-REIT市場的決定了。

我想這就是從大學時期累積起來的投資經驗，等了五十年才終於等到的豐碩成果。正是因為長期觀察市場價格，所以我才能堅信「下次不會再有這種機會！這絕對是我人生中僅剩的機會」，就此搶進市場。

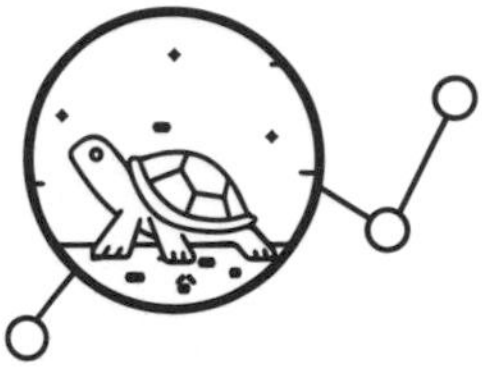

關鍵時刻不砸錢，身價難「破億」

雖然說這種話殘酷又很現實，但身為一名極其平凡的上班族，光靠一份死薪水就想滾出「破億」的財富，實際上相當困難。根據日本獨立行政法人勞動政策研究暨進修機構（JILPT）的「二〇二二有效勞動力統計——勞動力統計加權指標集」調查，大學和碩士畢業的正式員工，於同公司服務到退休（六十歲）的情況下，其職涯的薪資推估總額（不計退休金），在二〇一九年時男性為二．六九一億日圓（約五千九百萬新臺幣），女性則是二．一七三億（約四千七百八十萬新臺幣）。

過去總說大學畢業的正式員工薪資總額價值三億日圓（約六千六百萬新臺幣），但其平均數字在一九九三年達到三．二四億的峰值後，至今仍持續維持遞減趨勢。更何況，拚死拚活賺來的薪水，多半都得用來應付各項支出，若沒有拿出承擔風險的覺悟、勇敢挑戰的話，要想創造「破億」資產，想必難上加難。

雖說自行創業也是種選擇，但實際上能獲致成功的機率並不高。就這方面而言，投資股票完全不需要事必躬親地把事業推上軌道，唯一有必要採取的行動，就是找出優秀經營者帶領的公司並投入資金。

倘若該公司的發展不如預期，能夠趁早回心轉意，將資金轉投其他公司，這也是股票投資的一大優勢。公司的股價會隨著其成長規模增加，當中價格飆漲十倍的股票也不在少數。

不過，要藉由股票投資有效增加資產，終究還是需要相當程度的財力，這也是不爭的事實。光靠小額投資，再怎麼樣都難以達到「破億」的境界。**當千載難逢的大好機會降臨時，只有投入一大筆充沛的資金，才是躋身億萬富翁的最短距離**。不光是我，每個靠投資累積上億資產的投資人，無時無刻都在尋找機會。

如此一來，當時機來臨時，才能確實掌握機會集中投資。

只不過，有件事一定要先跟各位說清楚。

雖然我是在退休之後，投入三分之二的退休金重新開始投資，然而我是靠長達五十年的經驗與知識累積的基礎，才有這麼做的本錢。剛接觸股市或投資經驗尚淺的投資人，要是學我做相同的事情，可能會有很高的失敗風險。

隨著退休年齡將至，金融機構的業務負責人會熱情地向你推銷投資信託等各式金融商品，但**在毫無投資觀念的前提下投入大筆退休金，是相當高風險的行為**。

年輕時鑄下的過錯還有餘地挽回，但要是退休金大幅縮減的話，不但難以捲土重來，還將為老後的生活蒙上陰霾。如果單純只是拿閒置資金投資倒是無所謂，但**此時千萬不能突然砸下一大筆錢買進，起步時還是先小額投入，腳踏實地累積經驗才是最重要的**。

也請不要有「現在手上沒有一大筆充沛的資金，還是等拿到退休金後再來投資」的想法，最好還是要培養與之相反的觀念。

也就是，「既然在拿到退休金前無法投入充沛的資金，那就先靠小額投資腳踏實地的累積經驗吧」，這才是比較務實的觀念。

雖說看書或參加財經講座充實自己的知識固然重要，但終究還是得靠經驗才能左右投資的成敗。親身經歷投資盈虧的體驗不僅重要，而且在這段過程中，一定會有重大機會來向你敲門。

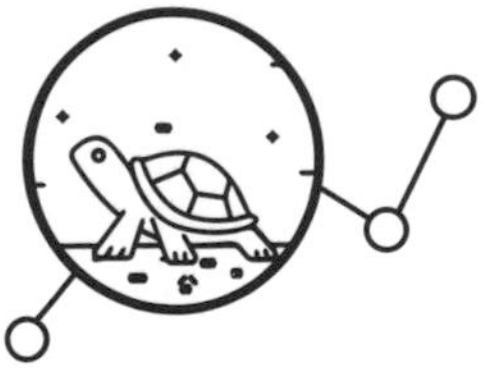

抱住小型成長股，在「安倍經濟學」中獲利

差不多該把重點帶回我是如何創造出現有資產的過程了。在透過 J-REIT 將兩千萬日圓增加到一億五千萬日圓後，我便把投資目標轉移到股票市場。

然而，雷曼兄弟事件爆發後隔年，也就是二〇〇九年的三月，股票價格雖然跌落谷底，但在那之後，市場卻還是維持著有漲有跌的走勢。再加上二〇一一年三月東日本大地震的影響，更是令股價持續低迷，我個人的操作成果也是乏善可陳。

為整個局勢帶來決定性改變的，就是二〇一二年十一月，民主黨政權因眾議院解散被迫下臺。在安倍政權起步前就到來的安倍經濟學行情，徹底扭轉了整個股市的走向。

在這個多頭市場開始前，**我所選購的標的都是市值相對小，但日後有潛力帶來巨大利益成長的小型股**。會這麼做的理由，是我在美國就讀大學時，曾在圖書館的書裡看過「據

統計長期投資小型成長股報酬率最佳」的說法，而這個觀念讓我留下非常深刻的印象。

雖說我在大學時期也讀過許多不同的書，學習到各式各樣的投資方法，但我深刻體會到最適合我的投資作風的，終究還是小型成長股，因此從我年輕時起，幾乎都專注於挑選小型股。

如果一支股票的市值越高，就算市場上傳出什麼好題材，對於股價造成的影響就越有限。相較之下，小型股的市值波動大，因此對好題材的反應可說是敏感得多。

換句話說，依據好題材的程度，要讓股價一口氣翻漲好幾倍都有可能。當然，其反轉下跌的速度也是快得驚人，因此在風險控管和標的選擇方面，需要的技術門檻自然相對較高，但它依舊是個獨具優勢的投資目標。

如同先前所述，早在安倍經濟學行情來臨前，**我的投資組合核心，就是低市值的小型成長股。**

圖 04 安倍經濟學的「三支箭」

由於市場對「安倍經濟學的『三支箭』」政策，也就是由❶積極的金融政策、❷靈活的財政政策、❸促進民間投資的經濟發展政策等，三項政策構成的經濟成長戰略高度期待，使得沉寂已久的日經平均指數迅速大漲，而我持有的小型成長股同樣也有好表現，原本價值一億五千萬日圓的資產，到二〇一五年時已經增值為二十億日圓了。

其中為我帶來最多收益的，莫過於跨足金融業發展的J Trust。當初之所以會選擇投資這個標的，還是得歸功於我在大學時期，讀到的「據統計長期投資小型成長股報酬率最佳」這段話為我帶來的啟發。

當時，J Trust 的營收呈現出驚人成長，我心想這就是典型的小型成長股，於是投入了大筆資金買進。

這間公司原本叫作 IKKO，是專為中小企業提供服務的非銀行金融機構，不過二〇〇八年三月被現任代表董事執行長最高執行委員藤澤信義收購，並且在他的帶領下積極推動併購策略，簡直就是以破竹之勢成長的企業。曾因利率超過法定利率遭請求返還導致破產的 LOPRO（原日榮公司），以及武富士和 Credia 等公司都被陸續併入旗下，一口

圖05 J Trust（8508）的月線圖

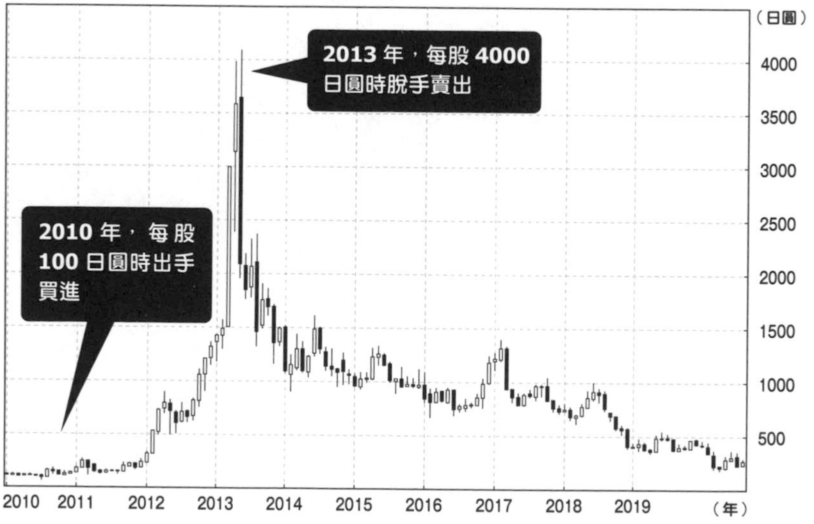

氣擴大了公司規模。

其結果，就是縱使每年預計有三〇%以上的營收成長，J Trust的股票價格還是維持在本益比五倍左右的超低價水準。

而它的股價之所以便宜到不可思議又無人聞問的原因，應該還是在於多數投資人根本不看好J Trust所在的金融業。實際上大型金融機構之所以被迫倒閉，就是因為必須返還超出約定上限利率的利息，才會被這項義務壓得喘不過氣，以致大多數人對小額無保貸款完全失去信心。

話雖如此，在這樣的逆境之下，J Trust依然靠著併購策略實現大幅成長，卻也是不爭的事實。俗話說「見樹不見林」，其原意應該是指「因為一點小徵兆而無法綜觀大局以致於誤判情勢」。

然而，把這句俗諺倒過來思考，在股市中倒也適用。我們應避免「見林不見樹」，也就是「就算處在對業界而言險峻的情勢下，依然不能錯過可能出現的個別飆漲標的」。

我在二〇一〇年股價仍處於每股一百日圓左右的超低價位時，便開始買進無人聞問的J Trust股票。根據從大學時代讀的那本書裡學到的觀念，我認為在高成長下股價維持低價水準的小型股，在投資的三到五年內，獲得高報酬的機會一定很高。

而這支股票就在我不停買入的時候，搭上安倍經濟學行情的熱潮順勢迅速飆升，二〇一三年更是一度漲到四千日圓以上的高價位。

我選擇在這個時間點獲利了結，取得高達投入本金四十倍左右的成果。

規劃轉變，對資訊的關注不變

當我的資產在二〇一五年達到二十億日圓的時候，我便將其中一半的資產，也就是大約十億日圓轉移到了不動產。畢竟這時我的年紀也差不多到了六十五歲，於是在未來讓三個孩子繼承這筆資產的規劃下，購買了自住公寓、土地以及別墅（位於渡假區）等不動產。

之所以做出這個決定，其實和當年一月實施調降遺產稅基本扣除額（增稅）有很大的關係。相較於以實際金額計算遺產稅的現金或儲蓄金，**不動產則是以實價登錄的價格推算**，因此稅額會相對低得多。

至於其餘的十億日圓，則重新投入股票市場繼續投資。最近，這筆資產已經成長到了三十億日圓。

在拿出退休金重新開始投資股票的當下，我設下了「讓本金成長一百倍」的目標。而這個目標花了七年左右達成，如今我持有的資產包含不動產在內，已經是當初投資額（兩千萬日圓）的兩百倍（四十億日圓）了。

我之所以能讓資產一舉衝上二十億日圓大關，主要是讓一半資金集中在前十名的股票上，並且徹底將信用交易的槓桿發揮到極限（約三倍），這就是我的成功之道。

但近年來我也不再頻繁利用信用交易的槓桿，頂多就是買些雙倍反向型的日經指數ETF（追蹤指數的上市投資信託），替手中持股分散風險罷了。

為了盡快察覺任何有助於推升

出於興趣收集的部分骨董收藏。

股價的題材，我都會隨時關注「**即時公開資訊**」公布的訊息。它是根據證券交易所訂定的即時資訊公開制度建立的系統，其目的是要讓上市企業將自家公司的重要資訊傳達給市場上的投資人。

根據依法（金融商品交易法）制定的法定公開制度，必須公開的有❶有價證券上市申請書、❷有價證券報告書、❸每季財務報告等資訊，但「即時公開資訊」則需依據各證交所的制度揭示公司資訊。

從日本交易所集團官網上的「即時公開資訊閱覽服務（www.release.tdnet.info/inbs/I_main_00.html）」裡，就可以查詢東京證券交易所、名古屋證券交易所、福岡證券交易所、札幌證券交易所的上市公司，以及日本證券業協會指定的中止上市公司所公布的重要資訊。

舉凡人事異動到公司醜聞，「即時公開資訊」揭示了各式各樣的訊息，但其中常會與推升股價有關的，主要是TOB（公開收購）、股票分割、營收成長、股票回購（購買自家股票）等資訊。從投資資訊的入口網站「股探（**株探，kabutan.jp**）」上，也能夠按個別項目查詢上市企業的公開資訊，有需要也可上網參考。

若是想驗證這些資訊會對股價產生什麼樣的影響，也可選擇上網到「東京證交所上市公司資訊服務（www2.jpx.co.jp/tseHpFront/JJK010010Action.do?Show=Show）」查詢，過去十年來東京證交所上市公司的所有「即時公開資訊」，都可以在那裡找到。

Tips >>> 臺股的即時公開資訊

關於臺股的即時公開資訊，可透過臺灣證券交易所官網（twse.com.tw）查詢；或者利用「公開資訊觀測站」（mops.twse.com.tw）即可查找。

入口網站則可參考 Goodinfo! 台灣股市資訊網（goodinfo.tw）、MoneyDJ 理財網（moneydj.com）、玩股網（wantgoo.com）、CMoney（cmoney.tw/finance）、奇摩股市（tw.stock.yahoo.com）、鉅亨網（cnyes.com/twstock）、HiStock 嗨投資（histock.tw）、撿股讚（stock.wespai.com）、財報狗（statementdog.com）等。

「公開資訊觀測站」使用方法的影片介紹（https://youtu.be/aed5O214MXU，由臺灣證券交易所製作）

運用「漲停搶進」進一步增加資產

事實上，我不但靠小型成長股交易這張王牌打下半壁江山，有段時期也曾採取其他積極型的投資方法，那就是「**漲停搶進**」戰術。由於鎖定的是「**目前已經漲停＝已經不便宜**」的股票，所以大概已經算不上是「今龜庵流」的投資法了。

原本我打算在第四章再來細說這套戰術，但畢竟我的原則是質疑常識（社會共通的認知）、不帶偏見地下判斷，而能在投資方面貫徹這個原則更是令我自豪。雖說鋪陳的內容會變得比較多，但還是決定在此針對這項手法加以說明。

所謂的漲停，就是當股票漲幅超過市場（證券交易所）規定的當日「限制價格」時，就會啟動的一項機制。為避免單日股價變動過於極端，造成股票市場的混亂，一旦股價變動幅度超過限制價格，便會停止交易。

由於漲幅達到「限制價格」上限時就會停止交易，因此股價就不會超過限制上限。相反的，當股價跌幅達到「限制價格」下限時就稱為跌停，其價格同樣不會超過限制的下限。

就常識而言，當長期關注的股票衝上漲停，便會認為自己已經錯過時機，只能放棄這個標的，對吧？萬一在這個時間點胡亂追高，反倒會因為急漲後回跌而套牢也說不定。

但要是至今累積的投資經驗告訴你：「這支一定行！」那麼，強勢買進已經漲停的標的就是可行的。我在安倍經濟學行情剛開始的二〇一三年起，一直到二〇一六年秋天的「橫盤整理」期，就是用這套戰術連續成功拿下四支標的，大幅增加了我的持有資產。

這四個標的分別是：半導體檢測工具的製造商日本美科樂電子、系統整合公司 Asteria、經營數據中心的櫻花網際網路公司，以及開發與分售公寓的 Ascot 公司（Ascot Corp.）。

在二〇一五到二〇一六年這段期間，日經指數幾乎是一路走跌。消費稅在二〇一四年四月從五％漲到八％，似乎多少減緩了景氣成長的腳步。不僅如此，二〇一五年八月更因為中國景氣有急墜之虞，進而引發造成全球股價暴跌的中國股災。

然而，在這樣的逆境下，我還是靠著上述四檔股票賺進六億日圓的收益。

圖 06　何謂漲停、跌停？

所有股票皆有依其股價設定的當日漲跌幅限制。例如不滿 500 日圓的股票，其限制價格為 80 日圓，因此市值 400 日圓的股票……

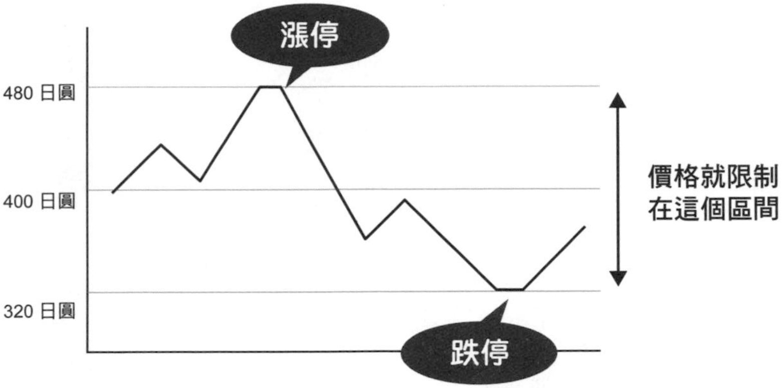

Tips >>> 漲停／跌停

各國漲跌停的規範不同，以臺灣股市為例，一般單日漲跌幅的上限為一〇%。

「漲停搶進」需跨越的兩大障礙

在第一章裡，我著墨於自己從接觸投資以來，一路累積起現有資產的過程，某個層面上也是我個人的備忘，所以雖然有在這裡提到，但**我並不打算鼓勵各位讀者採取「漲停搶進」的投資手法**。

尤其是投資新手或經驗尚淺的投資人，一旦失敗可得承擔不小的風險。若是經過多次交易歷練，累積一定程度的經驗和技巧之後，遇到接下來所描述的情況，只要認為自己有勝算的話，倒是可以嘗試看看。

即便市場整體走勢趨跌，依舊會出現「逆勢上漲」的個別標的，這就是股票市場有趣的地方。有句話說「休息也是市場的一環」，但我打從一開始就沒想過放棄，無時無刻都在觀察市場的動向，絕不放過潛藏在整體市場下的任何個別機會。

我的操作雖以中長期交易為主，但我每天都會持續觀察市場。除了出門旅行以外，每到早盤時間（中午以前的交易時段）都會緊盯電腦螢幕看盤。

所有投資標的和候補投資標的（共計約兩百檔股票），我都會做好登記管理，除了確認這些股票的市值變動情況外，也同時注意網路上發布的股票相關資訊。接著，只要從急漲的標的中發現「這檔很有優勢！」的股票，就立刻採取「漲停搶進」戰術。

然而，要執行這套戰術，還需要跨越兩大障礙。分別是：**❶在大量的買進單中脫穎而出交易成功**、**❷避免捲入回跌風險**。

首先，在漲停的情況下，通常會湧進大量以漲停價格買進的買單，要成功下單沒那麼容易。像這種買進單極多但賣出單又極少的局面下，證券交易所會實施「漲停比例分配」制度，在成交量等同於賣出單量的前提下，讓賣出單按比例分配給各證券公司。

在價格漲停且買進競爭的情況中，交易是否能夠成立，全看能否在配額抽選中幸運被抽到。可是，就算是在這種狀況下，還是會發生獲利了結使得股價瞬間下跌的案例。

所以，我從一開始就不打算放棄，不斷送出買進單拚命纏鬥，持續挑戰搶進。一旦成功運用這方式突破第一道障礙，後頭的問題就只剩回跌風險了。

雖說持續漲停的例子所在多有，但是在搶進後出現回跌的機率卻也不算低。就我個人的經驗而言，**股價在漲停後仍持續攀升（急漲）的標的，一整年下來也不過區區幾檔而已**。

話雖如此，這個道理就和打擊率不高的第四棒打者一樣，雖然不常擊出安打，但要是成功命中就會是一記全壘打，當中更不乏股價在短短幾個月就翻漲十倍以上者。執行這種戰術，只要成功跨越第一道障礙，接下來只要買到的股票每五檔有一檔繼續成長，整體而言就能賺到高額報酬。

當然，**既然知道每五次搶進就有四次期待落空，這種情況下，及時停損絕對是不二法門**。而且，如果老是鎖定漲停的標的投資，

圖07 何謂漲停比例分配？

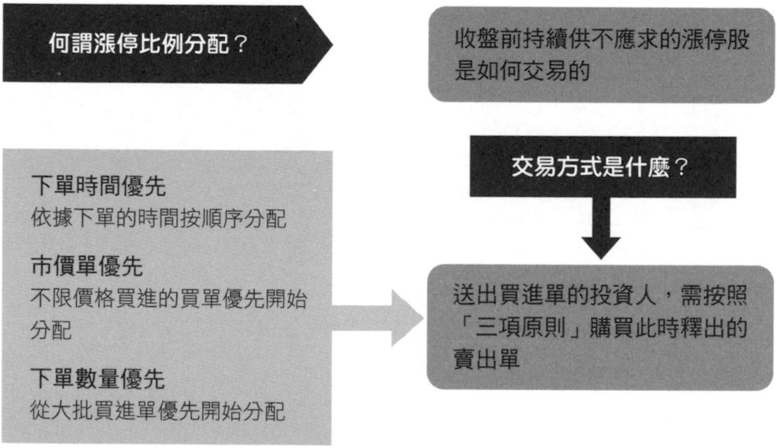
何謂漲停比例分配？
收盤前持續供不應求的漲停股是如何交易的
交易方式是什麼？
送出買進單的投資人，需按照「三項原則」購買此時釋出的賣出單
下單時間優先
依據下單的時間按順序分配
市價單優先
不限價格買進的買單優先開始分配
下單數量優先
從大批買進單優先開始分配

贏面自然進一步下降，像是在推特上被人吹捧的特定股票，那種我就不會出手了。

萬一不小心買到遭市場操縱的股票，操縱者會將炒高的所有持股悉數倒賣給買家後逃之夭夭，而等著買主的就是持股跌價的命運了。這就是典型「過河拆橋」的路數。

在判斷一檔標的能否飆漲的時候，我最重視的是帶動漲停的題材內容。例如推出劃時代的新商品或新服務，或是藉由併購跨足參與不同領域的事業等等，**越是會大幅改變該公司獲利結構的題材，股價持續上漲的可能性就越高**。

只不過，接獲題材後必須盡快進行查證，否則被更機靈的投資人搶先的話，可就搶不到任何好處了。只要股票漲停就必須立刻查詢相關新聞，並找出漲停的原因（題材），推測它可能對未來業績帶來多大的影響才行。在確定這是個強而有力的題材後，立刻下單買進。即便如此，我最近下單還是時常慢別人一步。如此一來，待隔日再戰也未嘗不可。

「漲停搶進」的三次成功案例

我想在這裡向各位說明，我透過「漲停搶進」手法坐收勝利的實際案例。

藉由這個手法，最先為我賺取龐大收益的股票，是專門開發、製造半導體製程檢測用具的探針卡，在業界其傲人佳績也是全球屈指可數的日本美科樂電子公司。

二〇一三年十一月，該公司「成功開發新型電池的量產技術」的消息，讓股票市場產生巨大的反應，公司股票隔天便衝上漲停。由於該公司表示，這種新式的固態電池有別於市面上常見的鋰電池，非但沒有漏液的疑慮，使用壽命也大幅提升，因此我將其視為相當有力的題材。

但畢竟是完全不在我關注名單內的股票，終究晚了別人一步出手，不過在漲停後股價仍維持在數百日圓水準的幾天內，我還是順利完成了交易。

此後，股價依然持續上漲，在短短三個月後的二〇一四年二月，甚至一度創下逼近一萬四千日圓的高價。其後，儘管價格出現反轉逐漸回跌，我最終還是成功坐收接近二十倍的漲幅。

接著讓「漲停搶進」產生奇效的，是專門開發、販售企業內部的電腦或設備連線，傳輸內部資料的系統軟體或服務的 Asteria 公司（當時的公司名稱為 Infoteria）。二〇一五年十二月，它與專精一種運用在加密貨幣（虛擬貨幣）上、

圖 08　日本美科樂電子（6871）當時的股價圖表

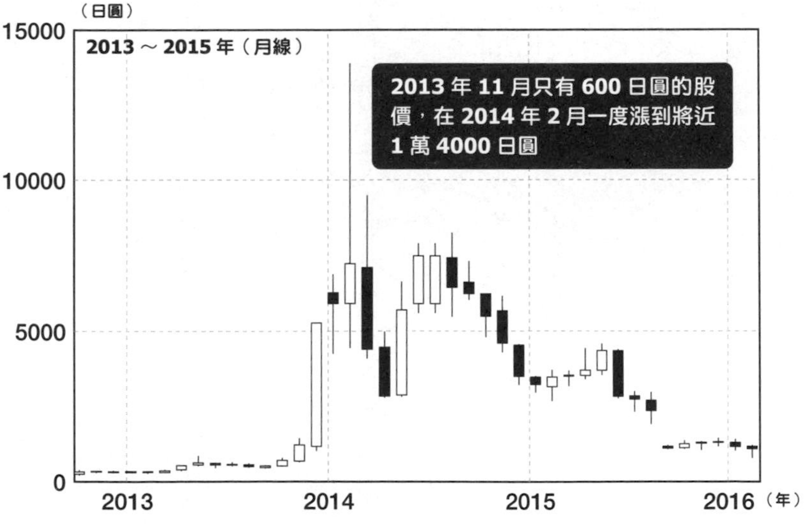

稱為「私有區塊鏈」技術的金融科技公司（推行科技化金融服務的公司）Tech Bureau 展開合作，消息一出，公司股價瞬間飛漲，並且一路衝上了漲停。

兩家公司這次的合作，目的在於開發結合雙方軟體的專用介面卡，且在二〇一六年四月，完成實際檢測並上市販售的商業結盟。其目標是開發出建立、應用成本低於現行金融系統十分之一的系統平臺。

這個標的其實早就被我幾位投資好友寄予厚望，因此我也試著買了一些，而股價就在我觀察價格變動的當下一路上衝，在我調查過它暴漲的原因後，才曉得原本就是當時市場關注焦點的金融科技相關題材已經傳開。

當時，該公司備受注目的合作夥伴，是日本國內唯一掌握區塊鏈應用技術的公司，從這點來看，我認為這也是個頗具衝擊性的好題材，於是決定下單搶進。結果，幾個月內便享受到漲幅超過五倍的股價。

在區塊鏈技術方面，我也運用「漲停搶進」挑戰經營數據中心的大廠，櫻花網際網路公司的股票，並且大獲成功。

二〇一五年十二月，櫻花網際網路也與 Tech Bureau 共同宣布，要在隔年一月免費提

圖 09 Asteria（3853）當時的股價圖表

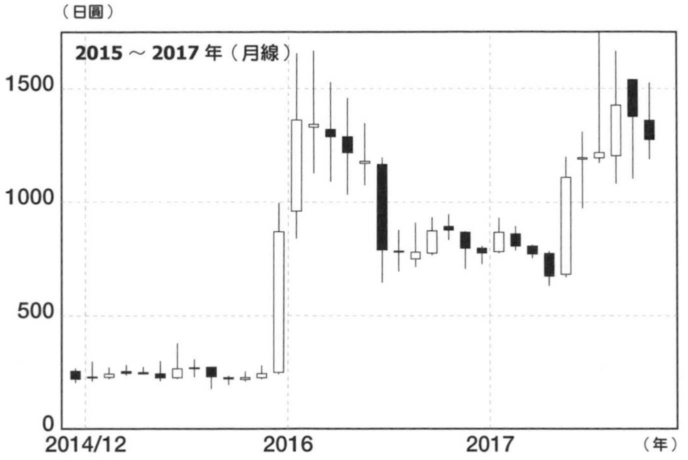

圖 10 櫻花網際網路（3778）當時的股價圖表

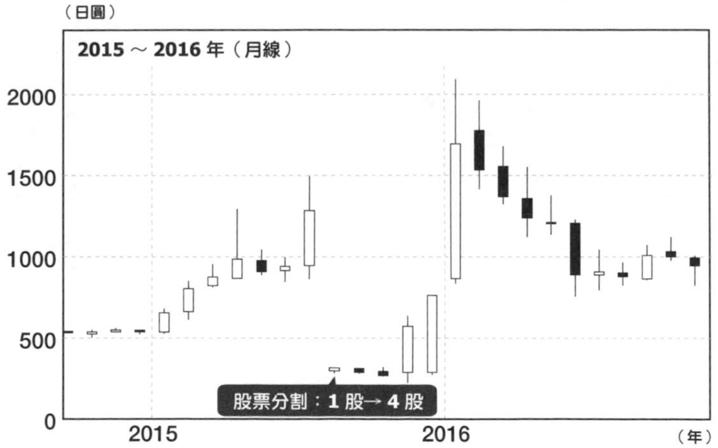

供金融機構，檢測用以監控使用了區塊鏈技術的交易明細等資訊的系統作業環境。消息一出，該公司的股價直到二〇一五年底封關日前，連續三天衝上漲停。

而這檔標的，最後也和 Asteria 一樣，成功為我帶來股價漲幅超過五倍的收益。

最後要跟各位介紹的，是中國大型保險公司——平安集團當中，經營公寓開發的 Ascot。本來在日經指數表現明顯低迷的 Ascot，股價卻突然在二〇一六年四月下旬急速上竄。

該公司原本的母公司，是由大型旅遊公司 H.I.S. 的創辦人澤田秀雄帶領（現已卸任）的澤田控股公司。然而，該控股公司持有的部分 Ascot 股票，被爆出正準備賣給中國的投資基金，消息一出，Ascot 的股票隨即漲停。

在得知這個消息後，我便推測中國湧入的龐大熱錢可能會再創高峰，於是決定將 Ascot 公司列為「漲停搶進」的下一個目標。事實上，Ascot 在隔年四月就透過增資發行新

圖 11 Ascot（3264）當時的股價圖表

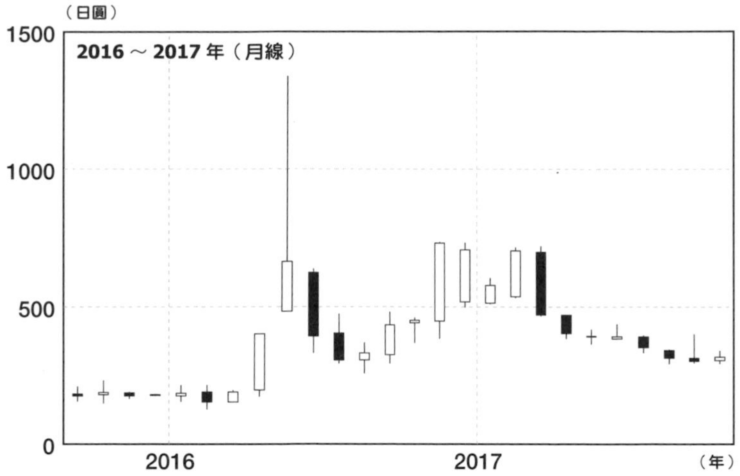

股的方式，成為了中國平安保險集團旗下森燁股份有限公司的子公司。結果，該公司股價不到一個月就翻漲六倍，讓我順利得到五倍價差的豐厚獲利。

運用這項手法，必須在非常短的時間內，徹底分析誘發股價漲停的題材，判斷其潛藏的衝擊力道是否足以進一步延續漲勢才行。

就這一點而言，豐富的投資經驗必不可少，而這個道理和本書主軸——小型成長股投資術中，必須著眼於有無大幅提升業績的強力媒介（題材）這點，其實是一致的。

疫情以來，養精蓄銳

我在二〇一九年買下了輕井澤的別墅，部分原因是基於遺產稅的整體節稅考量，於是決定將相當比例的資產轉移到了不動產。此後，自每年櫻花盛開的黃金週連假時起，直到賞楓季節為止，我習慣在那裡待上半年，度過整個夏季。

要說輕井澤的魅力，莫過於避開東京酷暑的摧殘了。親自體會過就能理解，為何這裡長期以來都是廣受歡迎的避暑勝地。輕井澤不僅環境好、空氣和水質乾淨，還有許多餐廳，不必擔心餓肚子，就這點來說生活機能簡直無可挑剔。近年來，這裡更是成為人氣高漲的遠距工作地點。

不過，輕井澤的夏季固然涼爽，冬天卻冷得令人難受。雖說冬季也別有一番風情與樂趣，但身體終究無法忍受這般刺骨的寒意。此外，入秋時若要準備過冬，就得被清掃落葉

輕井澤別墅的窗外風景

和庭院之類的瑣事搞得七葷八素。

真要繼續說下去可就沒完沒了，而且除了冬天以外的季節，都必須得和蚊蟲過招，縱使門窗緊閉，牠們依然有本事闖進家門。

畢竟身處自然圍繞的環境裡，這也是在所難免的事。既然如此，也只能想辦法與之共存，而且就算是因為股票投資而傷神，輕井澤的別墅生活也為我提供了養精蓄銳的能量。

雖說受到疫情影響，不少餐飲店和名產店關門，當地也不免蕭條，但近來又有新的飯店和餐廳開張，令人有所期待。

在疫情肆虐前，我時常和家人一同出國旅行。對我來說，旅行幾乎可說是我的頭號興趣。

不過，每逢我出國旅行的時候，不知為何股市總是莫名其妙地走跌，這也算是種奇特的個人市場法則。二〇二〇年二月我去泰國旅行時，沒多久就碰上三月新冠病毒大流行所掀起的疫情風波，導致全球股市紛紛暴跌。

此後，由於疫情的緣故無法出國旅行，股價卻又立刻反彈急漲，實在是相當諷刺。當然，我出國旅行和市場動向沒有一絲的因果關係，純粹只是出國旅行的時機，正巧和股市下跌的時間點重疊罷了。

疫情下的生活在二〇二二年也迎來了第三年，先前提到的泰國行就是我最後一次出國旅行，此後再也沒有出國的機會。這段時間所謂的旅行，頂多就是到避暑處（輕井澤）的別墅去度假。

直到二〇二二年四月，隨著防疫措施逐漸解禁等因素，才久違地造訪了京都。當時正

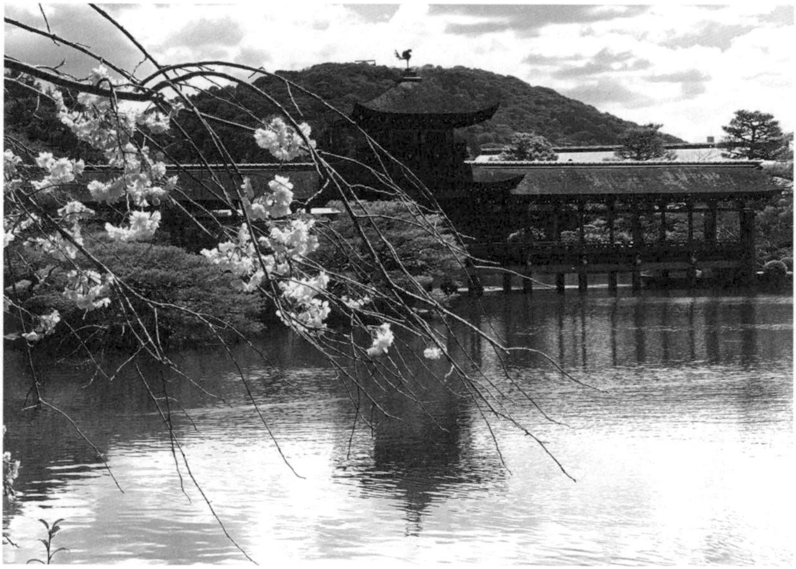

在疫情爆發後的久違旅行好好的充電一番

好是櫻花盛開的時期，我得以在欣賞美麗風景的同時，好好享受這趟睽違兩年左右的像樣旅行。

如同作者序中的資產變化圖（圖01）所示，我的投資狀況在二〇二〇年以前，變化情形相對來說比較順遂，不過從二〇二一年開始，感覺就有點陷入膠著。但是，無論在什麼樣的環境下，一定都存在能夠達到高成長的企業，因此我依然打算把維持至今的股票投資方式，繼續沿用下去。

第2章

現在投資
來得及嗎？

及早入市學經驗，為未來做準備

有件事情，希望各位讀者千萬不要誤會。

那就是，**這「並不是一本建議各位拿出退休金準備開始投資」**的書。雖然我在第一章多少也有提到，但因為這件事非常重要，所以特別在此重申一遍。

尤其是在退休前從未下手買過風險性金融商品的讀者，萬一聽信金融機構的花言巧語，「直接拿出退休金進場」的話，那可是非常危險的投資行為。雖說這類金融機構經常勸大家，要把錢交給由專業投資人操作的投資信託運用，但我認為成果不如預期的案例可說是屢見不鮮了。縱使有專業投資人操作，要在不時變動的局勢中找到合適的投資標的，只要投資信託本身的交易時機不恰當，表現不如預期也是沒辦法的事。

換句話說，**要判斷在當前局面下該選擇什麼樣的投資信託才有贏面，需要相當有見**

地。要是無法自行判斷這種事情，又聽信了業務員的銷售話術，這樣的投資打從一開始就注定失敗。更何況，我讓退休金成長兩百倍的方法，根本不是投資新手或經驗尚淺的投資人學得來的，這類人若是直接採用相同的做法，就算說他們鐵定會失敗也不為過吧。

如同我在第一章所述，我之所以敢砸下相當於三分之二退休金的大錢，選在雷曼兄弟事件發生後投資 J-REIT，是因為這並不是我的首次投資經驗。我在大學階段就已經讀遍大量投資相關書籍，並且將打工賺來的零用錢實際投入股市累積經驗。

說到底，投資要成功還是要講求相當程度的學習與經驗累積。只不過，如果有讀者看到這邊，開始冒出「那我大概沒辦法吧？」的念頭，也先別放棄得太早。要像我這樣在股市裡挑戰打出重大的關鍵一戰，確實需要有不少經驗，但若**是能壓低投資的資金，就不再需要成天為了投資風險瞎操心**。只要是符合自己經濟狀況的投資，只要多交易幾次，就能漸漸學會如何選股，以及判斷買賣時機了。

當然，比起靠一百萬賺到一億，拿一千萬賺到一億絕對是容易得多，因此投資預算自然多多益善。話雖如此，縱使手邊有一大筆閒置資金，在累積足夠經驗前，還是先別把錢全投進去比較妥當。畢竟，這將導致你的心思無時無刻受股價變動影響，不時想盯著股市行情看。此外，遭受損失時的傷害也相當大，甚至還可能不慎讓所有資產瞬間化為烏有。

俗話說「堅持就是力量」，在持續買進、反覆遭遇小小失敗的同時，藉此不斷累積經驗才是最重要的。一百萬日圓（約二十二萬新臺幣）確實是筆大錢，但也不是虧損就無法靠努力存錢重新累積起來的一筆財富。目前就先把投資額度設定在一百萬日圓，把累積經驗當成首要目標，持續在股市交易就可以了。

盡早經歷實際的投資體驗，才是最重要的。首先就從小額投資開始，腳踏實地累積經驗吧。雖說在投資金額方面無法提供參考，但我在書中介紹的投資手法，應該是多數讀者都可以實際應用的技巧。

股市又要泡沫化？先留意基準利率

俄羅斯入侵烏克蘭影響的不僅是政治，甚至越來越有可能對於許多層面造成衝擊，二〇二二年才剛開始，全球股市就迎來持續疲軟的走勢。話雖如此，從長期的走勢圖來看，自二〇〇九年三月雷曼兄弟事件後股市創下最低紀錄以來，日經指數整體仍然維持上漲趨勢，近年來甚至有多次攀上三萬點的紀錄。

從歷史上來看，日經指數史上最高紀錄是在一九八九年十二月二十九日泡沫經濟末期創下的三八九五七・四四日圓。不過，似乎有不少人認為，目前的數字就和颱風的最大瞬間風速差不多，過不了多久就會急轉直下，今後即便還有上漲空間，頂多也只會增值個幾千日圓吧。

聽到這樣的說法，是不是已經有讀者開始覺得很懊悔了呢？「難道，我已經完全錯過進場時機了嗎？早知道，趁二〇二〇年春天疫情開始擴大蔓延那時進場的話……」

然而，日經指數的漲勢真的已經接近天花板了嗎？至少，我個人並不這麼認為。

的確，光從股價的變化而言，日經指數看起來即將達到泡沫化時期創下的史上最高峰的七成。可是，如果把焦點轉到貸款利率的基準值，也就是由日本銀行的金融政策訂定的基準利率變化情形，就會發現情勢跟當年完全不同。

圖12非常明確地顯示，泡沫化時期的基準利率已達到歷史高峰，當年由於景氣過熱與通貨膨脹（物價高漲）的情況嚴重，於是推行了金融控管措施。

圖12 日經指數與基準利率（借貸基準利率）的變化

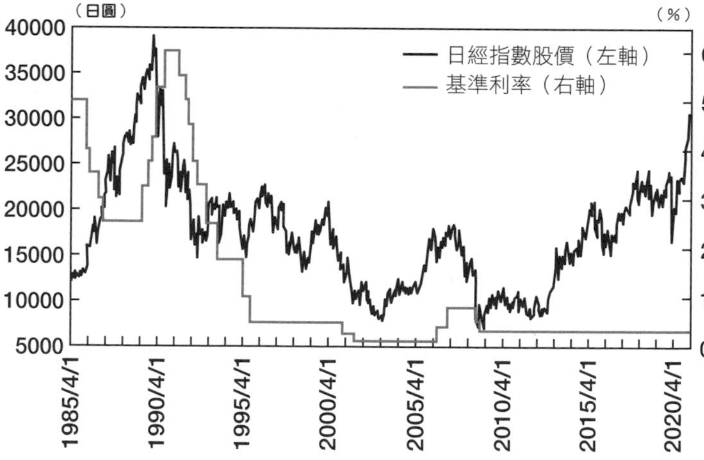

其結果，就是導致景氣急踩煞車，再加上當時被稱作總量管制的銀行融資限制令頒布實行，使得經濟泡沫就此破裂。不停加碼升息也重創股市，股價因此跌落谷底。

雖說最近受到對俄羅斯實施經濟制裁的影響，致使全球通貨膨脹的情況加劇，但景氣是否像泡沫化時期那樣呈現過熱的情形呢？縱使美國金融政策已從原本的量化寬鬆轉為量化緊縮，但畢竟還剛處於起步階段，日本政府依舊維持先前的零利率政策。

況且，萬一對俄羅斯實施經濟制裁導致經濟成長放緩的話，**各國中央銀行還是有可能會重新檢討量化緊縮政策**。

即使升息，股市的投報率仍有優勢

別說是日本股市，我認為就連漲勢驚人的美國股市，現在都還沒到泡沫化的時候。相較於其他投資對象的報酬率，股票的投資報酬率依然處於難以望其項背的高水準，在其驚人魅力下就不會覺得股票有多貴了。

股票的投資報酬率，是EPS（Earnings Per Share，每股稅後盈餘）除以股價所得出的數值，為本益比的倒數。舉例來說，假如本益比是十倍的話，投資報酬率就是一〇%；本益比是五十倍的話，投資報酬率就是二%。

如此可知，**本益比的倍率越低，其股價就顯得越便宜；反過來說，投資報酬率越高的股票，即可視為越便宜的股票**。而投資報酬率，向來都是存款、債券及不動產租賃等預期帶來股利收入（投資報酬）的投資對象，和股票相互比較時的有效指標。

我們實際比較一下幾種投資項目，首先在日本國內的儲蓄（包括未存放於銀行的存款）方面，長期以來幾乎都維持在零利率的狀態。至於債券中最有利可圖的十年期日本國債，近年來報酬率幾乎都不超過〇・二％。

至於美國方面，雖然聯邦準備理事會（簡稱聯準會）轉為採取升息政策，但美國十年期國債的報酬率也只有二・八％，並不是多有魅力的投資選項。接著來看不動產，根據全球不動產資訊網站「Global Property Guide」上的資料顯示，日本租賃不動產（東京）的平均報酬率為二・六％，美國不動產（紐約）則是二・九一％。

綜合以上投資對象的資料，日本的儲蓄和債券自然不在考慮範圍內，至於美國國債與海內外的不動產，其報酬率也是半斤八兩。

相較之下，日本股市（日經指數）的本益比，在二〇二二年三月底是十三・四倍，投資報酬率高達七・四％。同一時期美國股市（標普五百指數）的本益比是二十四倍，投資報酬率將近四・二％。

由此可見，即便撇開日本股市不談，就連美國股市都比美國國債或不動產還有吸引力得多，由此便可得出目前整體股價仍然相當便宜的結論。

從歷史的角度來看，「投資的本質」就是找出如何將資金投入高報酬率對象的方法。畢竟，**挑選投資報酬率越高的對象，錢就能增加得越多**。

這裡所謂的**報酬率，是指投資獲得的收益相對於投入的金額，達到何種程度的比值**。如同前文的比較，日本國內的儲蓄或債券收益自然不必提，無論是不動產、美國國債，甚至於美國股市，日本股市的投資報酬率都明顯高出不少。

也就是說，就這點而言，**日本股市是最具有吸引力的投資對象**。如前所述，日本股市（日經指數）的本益比，在二〇二二年三月底是十三．四倍，投資報酬率高達七．四％。

換句話說，假如將資金分散投資到計入日經指數計算的兩百二十五家企業裡，每年進帳的可預期收益，相當於投入資金的七．四％。倘若投資人注意到它的吸引力投入大量資金，進而帶動市場熱潮的話，股價本身也會連帶上漲。

雖說美國轉為採取升息政策，但全球依然處於低利率時代，更何況世界經濟的發展未見明朗，各國央行仍然有可能被迫回頭擁抱量化寬鬆。因此就現況看來，目前這個資金會輕易流進股票市場的金融環境，在未來大概也不會改變。

另外，現階段日本股市的投資報酬率雖然比美國股市來得高，但這種狀態將來不見得能夠繼續延續下去。至於哪邊才是有利的投資對象，只能說視兩國今後的經濟成長狀況來決定了。

資金大轉移，決定股價走勢

雖然我二十幾歲就開始投資股票，但卻一直等到五十幾歲，我才總算發現了一件事。在那之前，我光顧著分析個別標的，後來才深刻體會到，隨時掌握整個金融市場的動態有多麼重要。

到頭來，決定股價走勢的還是這世界的大規模資金浪潮（資金大轉移）。更別說近年來因為經濟全球化與科技進步，資訊共享越發便利，進而催生出了全球規模的巨大金流。

簡單來說，全球資金都會在股票、債券及不動產這三個金融市場之間持續循環。**而能夠影響這筆資金走向的，就是利率或通貨膨脹率（物價上升）的變化。**

也就是說，**只要仔細深入觀察這些變化，就能推測出今後資金會朝哪個方向流動**。例如，在新冠病毒剛開始進入全球大規模傳染階段，我就覺得股票市場遲早會迅速大漲。

畢竟，主要國家的中央銀行全都實施前所未有的大規模量化寬鬆政策，替市場提供了龐大的資金。事實上，正是因為這些有利因素的出現，股票市場才會在急跌後迅速大幅反彈，二〇二〇至二〇二一年整體股市呈現顯著的漲勢。

市場之所以在二〇二二年迎來一百八十度大轉變，以致觀望氛圍更加濃厚，是由於美國為遏制目前量化寬鬆的態勢，祭出升息政策的可能性增加的緣故。然而，美國升息的步調非常有可能比當初預期的更緩慢，可以感覺得出來整體金融環境的金流，現階段仍然非常容易導向股票市場。

假如今後資金仍持續由債市往股市大轉移，日本朝思暮想的脫離通貨緊縮的願景，就很有可能成真。目前，日本股市的市價總值大約是兩百兆日圓，相較之下，國民個人金融資產總額為兩千兆日圓，但實際上超過一半還停留在現金和儲蓄金。

如果，能有部分資金從現金和儲蓄金流向股票市場，股價進一步升值就是件可以預期的事。不僅如此，這甚至還會連帶引發「財富效應」（Wealth effect）。**所謂的「財富效應」，指的就是股票等資產增值會促進個人提高消費的效應**。簡單來說，如果持有的股票利潤增加，個人在消費上的支出就會變得更有餘裕。

要是能藉此刺激個人消費，帶動景氣從通貨緊縮中逃離的可能性就會增加，就此中斷「不景氣導致商品滯銷→降價求售→公司獲利下降→公司員工減薪→消費變得謹慎→景氣進一步惡化」的惡性循環。

只不過，現在需要擔心的是岸田政府加稅和財政緊縮的政策立場。假如，政府真的著手推動這類政策，想要擺脫通貨緊縮的束縛，想必會變得非常困難。

另外，烏克蘭的局勢持續惡化，對於世界經濟造成的影響也更加顯著，這也是一大隱憂。倘若局勢能朝相反方向進展，股票市場想必會大幅地急速反彈才是。

雖說從報酬率最不具吸引力的債券市場流出的資金，大部分都流進了股市，但這些錢想必也流到了另一個風險性資產——不動產市場當中。然而，**不動產價格的增值，通常要比股票要再來得晚一點**。

畢竟，**股票的變現效益還是更勝於不動產**。正因為股票價格變動快，才使得變現不易的不動產時常慢了好幾拍。

再加上日本不動產還有五年以上長期持有的轉售所得優待制度，不難想見多數投資人為了符合這項制度，都願意推遲拿不動產變現的時間。轉售持有不滿五年的不動產，須課四〇%的增值稅；相較之下，持有超過五年的話，稅率就只要二〇%。面對減半的稅率，會選擇長期持有也可說是人之常情吧。

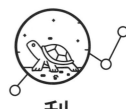

利差反轉是股市榮景終結前的信號

著名的美國投資人約翰・坦伯頓（John Templeton）曾說過一句名言：

「*Bull market are born on pessimism, grow on scepticism, mature on optimism and die on euphoria.*」

翻譯過來意思就是「榮景總在悲觀中誕生，在懷疑中成長，在樂觀中成熟，在陶醉中消逝。」

另外，雖說不算是投資名言，但英國有句著名諺語是這麼說的：

「*The darkest hour is just before the dawn.*」

翻譯過來就是「黎明前是最黑暗的時刻」，意思是局勢最黑暗（痛苦）的情況，往往在於一線生機即將來臨之前，相當於坦伯頓所謂「在悲觀中」的階段。

市場在觸底以前，所有投資人無不預期股價會持續下探，並陷入全面悲觀的狀態。即便股價逐漸反轉向上，大多數投資人還是意志消沉；縱使市場回溫，他們還是會繼續以漠不關心甚至無奈的態度看待。

就算股價上升已逐漸成為定局，多數人那種半信半疑的消極心態依然存在。一直要等到股市持續上漲好一陣子以後，他們的心態才會轉為積極樂觀，而當多數投資人陷入興奮、狂熱的狀態之際，股市幾乎都已經要漲到頂點了。

而且，當跌勢已然出現時，仍有許多人拒絕面對現實，徹底錯過把資金抽離市場的時機。**只有理解投資人心理的種種變化，進而避免採取相同行動，才算得上是成功的投資**。

簡單來說，股價下跌便感到不安、如果上漲便信心倍增，這就是一般投資人的心理，而唯有不被感性左右，靠理性投資的人才能夠在股市裡贏到最後。

比起在牛市初期就順利跟上熱潮更困難的事，就是在股市轉跌之前成功脫手賣出。如同先前所述，一旦失去理性、純粹憑感覺投資的話，很容易出現逃避股市正在走跌的現實，以至於太晚退出市場的情況。

有鑑於此，**投資人不應該憑感覺判斷榮景是否即將告終，將客觀指標視為退場訊號，才算是聰明的做法**。而我的退場指標，就是長期利率（長期國債的報酬率）扣掉股票報酬率後得出的「利差」。

當股票市場持續猛漲一段時間之後，

圖13 什麼是利差？利差反轉又是什麼？

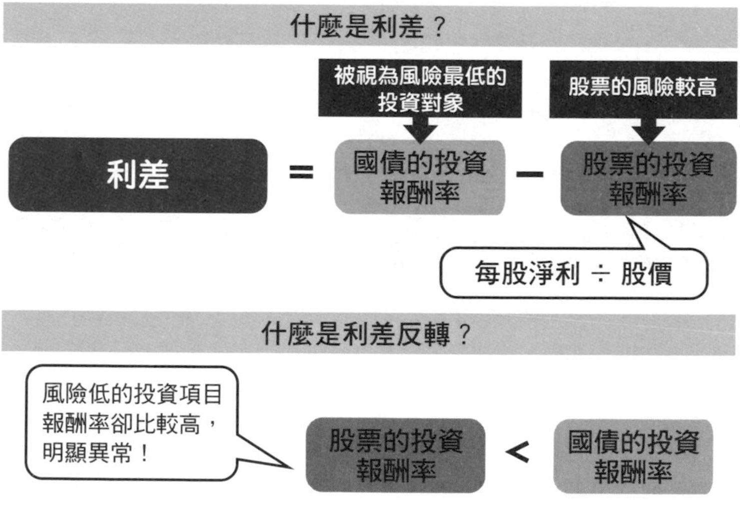

利差就會開始出現特殊的變動，這種變動稱為「**利差反轉（翻負）**」，這代表著長期國債報酬率高於股市報酬率的現象。當「利差翻轉」出現之際，差不多就是該決定退場的時候了。

也就是說，相較於股市的投資報酬率，債市的投資報酬率變得更有吸引力，因而顯示出資金流往債市的可能性。事實上，在一九八九年日本市場迎來泡沫化轉捩點的當下，相較於國債高達八％的投資報酬率，日經指數的投資報酬率僅有二％（本益比五十倍），其價位高得驚人。

另外，美國在二〇〇〇年網際網路泡沫破裂之前，相較於美國國債七％的投資報酬率，那斯達克指數的投資報酬率甚至低到只有一．五％（本益比六十五倍），其泡沫化程度顯然已經瀕臨崩潰邊緣。

再舉另外一個例子，二〇〇八年雷曼兄弟事件爆發前夕，美國也曾以相當快速的步調祭出追加升息政策。倘若相當於美國中央銀行的聯準會，今後還是持續實施追加升息政策的話，可能就有必要留意後續的局勢發展。

屆時，美國國債投資報酬率的推升壓力就會遞增。再加上升息本就是抑制景氣過熱或通膨惡化的政策，因此容易對股價產生不利影響。

只不過，受到俄羅斯入侵烏克蘭的影響，聯準會不得不面對比起以往更加艱難的情勢，故僅推出和緩的升息政策也不無可能。

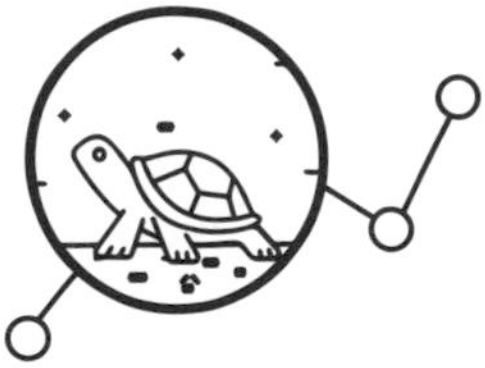

尋找投資標的的第一步！

我在退休後實行並且讓退休金成長兩百倍的投資手法，在第一章就已經快速說明過了，這裡就再重新整理一遍吧。

撇開拿下首次重大勝利的J-REIT投資不談，基本上我的投資作風，是**將資金投入股價仍處於偏低價位的小型成長股**。當初設定的具體目標是「**十年內資產成長十倍**」，雖說因為運氣不錯的關係，讓我得以提前達成這個目標，不過各位讀者只要以此為目標即可。

要達到這個目標，就必須讓持股每年增值三〇%以上才行，所選擇的公司年度業績成長幅度至少要超過二〇%以上。各位讀者看到這裡，心裡難免會產生「這麼好的公司到底該上哪去找啊」的想法吧。

細節我將留待下一章節詳述，不過最簡單的方法，其實就是將焦點放在業績出現成長趨勢，且成長趨勢有可能延續下去的公司。

首先，透過《公司四季報》就能輕易追蹤過去幾年以來的業績變化。接下來，從該公司經手的商務內容，就能夠看出它未來的前景，進而推估粗略的期待值。舉個具體的例子來說，像是居家辦公或是遠距醫療的相關產業，都不會是僅止於疫情期間的暫時性特殊需求，其需求必定隨著時代趨勢發展而擴大。

DX（數位化轉型＝發達的科技讓人們的生活更加便利）相關產業也是如此，即使人類成功消滅了新冠病毒，推動該產業的進步也已經成為定局。像這樣預測相對容易想像的未來幾年的世界，同時去推敲哪些公司有能力順應時代的需求，讓業績得以隨著趨勢成長，這就是尋找投資標的的第一步。

Tips >>> 四季報

臺灣的《四季報》由《工商時報》出版，一季兩冊，分為「傳產／金融」與「科技／電子」，提供相關產業公司的財報資訊、產業展望與投資報告等。另有由財金文化出版的《股市總覽》（二〇二二年底停刊），一季亦分兩冊（上市／上櫃），提供上市櫃公司的營運分析、財務分析、獲利能力比較等投資資訊。

第3章

十倍股的先決要件

建立十年十倍的投資組合

如果你手邊有一筆一百萬日圓（約二十二萬新臺幣）的閒置資金，將它運用在股票投資上，並得以每年平均三〇%的表現獲益，那麼在十年後，會出現什麼樣的結果呢？

首先，這一百萬日圓會在隔年成長到一百三十萬日圓，兩年後一百三十萬日圓會成長到一百六十九萬日圓，三年後則成長到兩百一十九萬七千日圓，四年後成長到兩百八十五萬六千一百日圓（約六十二萬新臺幣）。

這邊特別要注意到的是，每年所能得到的收益變化。將收益同樣列舉到四年之後，就會發現利息以三十萬日圓、三十九萬日圓、五十萬七千日圓、六十五萬九千一百日圓，這種滾雪球的方式增加。

因為今年的利息會在隔年成為產生另一筆利息的資本（本金），從而帶動讓利息加速

圖 14 以年平均 30％的報酬率表現進行複利操作……

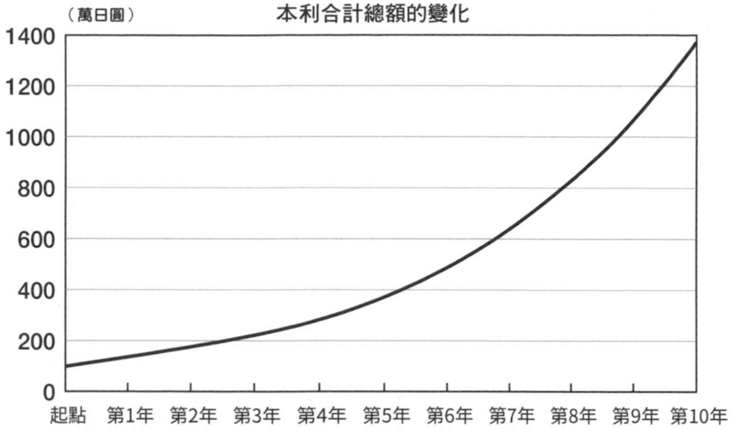

年度	本利合計總額	年度收益
起點	100 萬日圓（22 萬新臺幣）	0 日圓
第 1 年	130 萬日圓（28 萬新臺幣）	＋ 30 萬日圓
第 2 年	169 萬日圓（28 萬新臺幣）	＋ 39 萬日圓
第 3 年	219 萬 7000 日圓（37 萬新臺幣）	＋ 50 萬 7000 日圓
第 4 年	285 萬 6100 日圓（62 萬新臺幣）	＋ 65 萬 9100 日圓
第 5 年	371 萬 2930 日圓（81 萬新臺幣）	＋ 85 萬 6830 日圓
第 6 年	482 萬 6809 日圓（106 萬新臺幣）	＋ 111 萬 3879 日圓
第 7 年	627 萬 4852 日圓（138 萬新臺幣）	＋ 144 萬 8043 日圓
第 8 年	815 萬 7307 日圓（179 萬新臺幣）	＋ 188 萬 2455 日圓
第 9 年	1060 萬 4499 日圓（233 萬新臺幣）	＋ 244 萬 7192 日圓
第 10 年	1378 萬 5849 日圓（303 萬新臺幣）	＋ 318 萬 1350 日圓

成長的「**複利效應**」。

只要能夠持續以每年平均獲利三〇%的步調運用這筆資金，根據計算，在十年後一百三十萬日圓的本金將增長超過十倍，達到一千三百七十八萬五千八百四十九日圓（約三百萬新臺幣）。

當然，每當手邊有多餘的閒置資金，就將它加入投資的本金之中，其增長速度會更加迅速。只要追加的投資金額夠高，十年內擁有「破億」資產也不無可能。

如同我在第二章曾介紹過的，我本身是在退休後重新開始投資股票，並成功發掘以J Trust為主的幾檔短期飆升標的，迅速大幅增加了個人資產。

然而，當時畢竟是安倍經濟學行情的鼎盛期，如今又有新冠病毒的變異株出現，以及烏克蘭局勢等隱憂，要期待股市出現跟當年一樣的發展可能會很困難。

Tips >>> 十倍股

英文「ten bagger」一詞，指股價能在較短時間內上漲超過十倍的股票。該詞衍生自棒球術語「four-bagger」（跑過四個壘包，亦即全壘打），由傳奇基金經理人彼得·林區（Peter Lynch）在其著作《彼得林區選股戰略》（*One Up on Wall Street*）中所提出。

有鑑於此，各位讀者今後在股票投資的實踐上，比起尋找個別的十倍股（ten bagger），還是將心思放在**讓投資組合的整體報酬率達到年平均三〇%的表現，讓資產在十年內增加十倍**才是比較實際的目標。

那麼，年平均三〇%的投資表現，是任何人都能輕易達成的數字嗎？

管理日本官方年金資金的GPIF（年金儲備金管理運用獨立行政法人），為達成二〇二〇年度起算的五年投資計畫，自二〇二〇年四月一日起，便適用為此建立的基本投資組合，其預設的前提條件是達到國內股票預期投資報酬率的五・六%。

GPIF管理的國內股票有超過九成，是採取被動式投資（指數連動管理），雖說這個預期報酬率算是相對保守的數字，但至少可以讓各位比較能夠體認到「年化報酬率三〇%讓資產十年翻十倍」，不是輕輕鬆鬆就能達到的目標。

因此，要想達標就必須仔細過濾標的，找出股價具備每年以三〇%的幅度成長的投資對象。

所謂股價能夠按照預期，以三〇%左右的幅度上漲的投資對象，就是每年盈餘能夠持續維持三〇%的幅度成長的小型成長股。我個人退休後在股市中鎖定的主要投資目標，就是這些有本事讓業績持續大幅度成長的小型股。

雖說股價在短期內容易受到外在因素影響，但長期而言，股價表現最終還是會聚焦在業績變化上。況且，不同於市值太大導致股價對市場反應較為遲鈍的大型股，一旦有好題材憑空出現，小型股的股價甚至有可能一口氣飆漲好幾倍。

此外，檢視業績的成長狀況時，我不會只看公司的盈餘，也要審視營業收入是否確實跟著成長。

圖15 GPIF 設定的各資產 預期報酬率

【帳面報酬率】

短期融資	日本國債	外國債券	日本股票	外國股票
0.6%	0.7%	2.6%	5.6%	7.2%

【實質報酬率＝帳面報酬率－帳面薪資提升率（2.3%）】

短期融資	日本國債	外國債券	日本股票	外國股票
-1.7%	-1.6%	0.3%	3.3%	4.9%

畢竟，只要透過削減成本或出售公司資產，還是有可能在一定程度上操作盈餘金額。「減收增益」（營收減少，獲利卻增加）這種模式的存在，就是最好的證明。不過，如果該公司的產品或服務，並沒有真正受到廣大社會接受，營收就不可能持續出現大規模增長。

若公司營收能穩定以一成的步調增長，其本身的盈餘便很有機會跟隨業績的腳步，連帶成長兩到三成。

透過以上方式，就能夠藉由「**有望在營收穩定增長的同時，持續以年增三〇%的速度擴大盈餘的小型成長股**」這項標準，過濾出能替我們達成「**年化報酬率三〇%讓資產十年翻十倍**」目標的投資對象。

另外，在審視公司業績方面還有一個**重要前提**，**就是不要著眼於本季的預期，應該關注下一季展望的目標數字**。畢竟，本季的預期數字很有可能已經反應到股價當中。

換句話說，推敲還沒反應在股價上的未來發展性，可說是一件非常重要的事情。

由於公司方面公布的數字僅止於本季預期，因此我都會透過《公司四季報》的預測值下判斷。

股價不高成長高，高層方針也重要

縱使是業績有望以驚人之勢成長的企業，要是它的表現已反應在股價上，增值的空間就已受到限制。有鑑於此，投資人鎖定目標的時候，在審視該標的有多少成長性的同時，確認股價的價位是否偏高，也是不能省略的重要步驟。

既然如此，市場上真的存在有望高度成長，其潛力卻尚未反應在價格上的股票嗎？

綜觀全體上市公司的業績成長潛力，市場不見得總是能夠正確地予以正確的評價。不僅市場的看法與實際業績的變化存在落差，光芒遭其他著名標的蓋過、成為股海遺珠的例子更是不在少數。事實上，我就是透過搶先投資這類標的，坐收龐大利益才建立起數十億日圓的資產。

特別是機構投資人，時常會將小型股排除在投資對象之外，因此會研究（視其為調查對象）小型股的分析師也相當有限，市場上與小型股業績展望的相關資訊，就變得相當少見了。

所以，實際上具備高度成長潛力，但卻未反應在股價上的案例並不少見。

而用來辨別相對於今後的業績成長潛力，**股票價位便宜與否的基準指標，就是被稱為PER的本益比（本季預期的股價報酬率＝股價÷每股稅後盈餘）**。一般而言，本益比在二十倍以下，就能算是便宜的價格。

只不過，不同產業的本益比平均水準依然存在差異，僅透過倍率下判斷就過於武斷了。例如，就算是本益比早已遠遠超過二十倍，通常被視為價格偏高的股票，但如果實質業績飛躍性成長，以至於EPS有望大幅度增加的話，它的本益比就不算高。

在這方面，我所重視的指標是稱為PEG（Price-to-Earning Growth Ratio）的本益成長比。這是一種對股票成長率加權，藉此衡量股票價位便宜與否的指標，其計算方式為「預期本益比 ÷ 盈餘成長率」，我將會在第四章為各位詳細說明這項指標。

一般來說本益成長比只要低於一倍就算是便宜的股票，要是高於兩倍的話即可視為高價股票。舉例來說，某檔標的即便本益比高達三十倍，但要是EPS預期將增長六〇%的話，帶入前述公式會得出「本益成長比＝三〇÷六〇＝〇・五倍」的結果，由此可推斷股價處於相當便宜的價位。

此外，嚴格來說我所實行的投資方式，並不僅只是單純地套用基於本季預期業績估算的預期本益比而已。

除了本季的預期以外，為了反應今後的發展方向，我也會以現階段的股價為基礎，估算在每年達成預期成長率之下的「五年後的預期本益比」，並以每兩週一次的頻率更新最新數值。

當然，若不是以像我這樣快速的步調增加資產為前提的話，各位也沒必要下這麼大的工夫，只需以本季預期本益比推算

Tips >>> 本益成長比

英國的小型成長股專家吉姆・史萊特（Jim Slater）率先使用本益成長比，做為成長股的選股指標，並將其方法寫在了《祖魯法則》（*The Zulu Principle*）中，此後獲得彼得・林區的肯定，並被納入後者的選股依據。其原始公式為「本益比 ÷ 盈餘成長率」，史萊特認為，比值為一時，價格合理宜觀望；數值越低代表股價越被低估，小於〇・七五甚至〇・六六時，可考慮買進；但高於一・二時須留意賣出。儘管有具體公式，但在使用上仍需搭配其他指標，才能做出合宜的判斷。

出的本益成長比當指標，同時立刻開始嘗試自行篩選出便宜的小型成長股就可以了。

我在選擇標的之際，不僅要預估今後的業績成長，還得仔細檢視公司財務狀況或財務報表，甚至連公司債務或現金流的狀況都得經過仔細確認才能夠做出取捨。關於財務方面的判斷要點，我將在「市價總額之外的三個重要指標」一節詳細為各位說明。

現階段，我想先針對另外一個關注焦點，也就是在挑選經營者上陳述我的觀點。我會從其他角度加以關注的重點，是**企業高層經營公司的態度**。

要了解這點最好的方法，就是**實際出席股東大會，親眼確認高層的心態**。在發現並買入一檔業績持續成長但股價水準持續偏低的股票後，當我要考慮是否該進一步增購該檔標的之際，我都會冷靜地觀察經營者的一舉一動。

我想要知道的是，這位經營者在自家企業開發新產品或新服務、併購或商業結盟（成長策略）等層面上，究竟採取什麼樣的經營方針。畢竟經營者若在上述層面展現出積極的一面，該公司就會具備更大的成長動力。

在增購由幾位值得期待的幹練經營者把持的公司股票後，我成為了多家公司的大股東，也有在股東大會上向經營高層發言的機會。只不過，我的發言內容與並非針對經營方面的建言或忠告。

我想要知道的是，高層對進一步成長或下個階段的發展，是否擬定了什麼樣的策略。就這層面而言，社長本身是不是公司創辦人就很重要了。假如是自己創辦的公司，對於擴大業績成長就會具有相當程度的野心。如果社長本身是這家公司的大股東，就能夠判斷出他就是家族企業的經營者。

當然，要出席股東大會的先決條件就是得先購入公司的股票，但也許從公司在網站上公布的影片或訊息，也是有可能感覺得到高層在經營方面的立場。

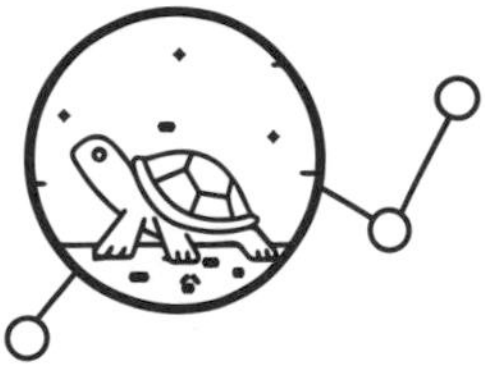

看重長期發展與非週期性標的

要判斷一檔標的具否具備高度成長潛力，光靠預期業績的數字根本不夠。透過其所屬產業或建構的商業模式，便可窺知一家公司具備多大的潛能（可能的成長性）。

我所採取的方式，就是**想像五年後的世界，並尋思能夠因應那個時代需求的會是哪幾類商業服務**，而能夠提供下個世代渴望的商品或服務的企業，無疑將以飛躍性的幅度急速成長。

藉由這種預判進行投資的方式，沒有相當程度的投資經驗應該是很難做到的。無法想像五年後的世界的讀者，可以先從目前市面上正開始普及的各項商業服務當中，想辦法推測未來有哪些領域的業績可能會進一步成長就可以了。

舉幾個具體的例子，像是居家辦公或ＡＩ（人工智慧）、ＩｏＴ（物聯網）、遠距醫療、汽車自動駕駛等等，又或是和居家辦公及工作型態改革有關的數位化轉型等相關產業，都將成為非常重要的關鍵字。

與上述領域有關的企業將迎來極佳的優勢，今後業績大幅成長的可能性應該可以說相當高。

至於在商業模式方面，我認為應該把焦點放在一旦訂立契約，就能不斷獲得收益的持續性收益模式上。由於資產得以穩定累積下去，因此相對於餐飲或零售業這類買斷型的流動性

圖 16　公認今後可能大幅成長的領域

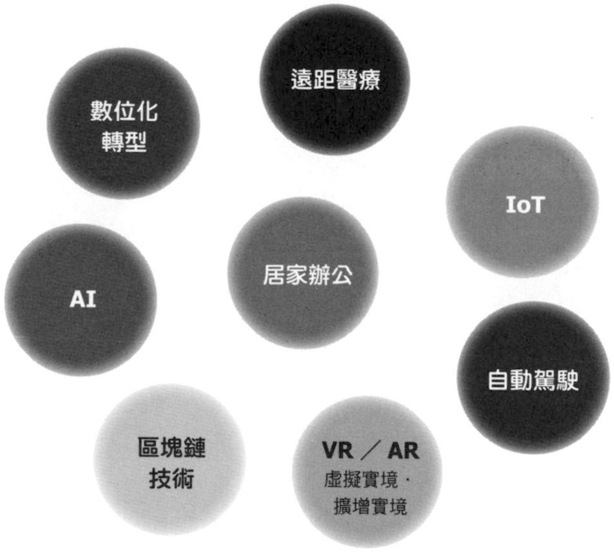

商業模式，在不景氣的環境下更能發揮優勢，輕易獲取穩定的利益。

而訂閱（定期付費）型的營利模式，堪稱這類持續性收益模式中最先進的商業模式。連一度遭谷歌或蘋果等公司超越的微軟，也是在朝訂閱制發展後，才得以在極大的差距下逆轉復活。在未來的時代裡，訂閱制極有可能成為商業模式的主流。

在經濟活動隨著疫苗接種普及而復甦之後，全球通貨膨脹（物價上漲）造成的影響也越來越顯著。再加上各國對俄羅斯的侵略行為祭出嚴厲的經濟制裁，導致原油與天然氣的供應發生問題；遭到攻擊的烏克蘭，同時也是全球糧倉之一，因而導致商品的市場價格全面飆漲。

隨著景氣發展帶動穩定（二%左右）的物價上升，原本應該是很健康的訊號。然而，受到原物料上漲影響，企業在營運上本來就已陷入一蹶不振，當前的世界局勢又使得物價猛漲，停滯性通膨的危機變得越來越大。

在未來受到陰影籠罩的當前局勢下，**買進業績不易受到景氣波動影響的產業（非週期性股票），會是較為保險的選擇。**

非週期性股票又稱為防禦型股票，和容易受到景氣波動影響的**週期性股票（標的對景氣敏感）**處於光譜的兩個極端位置。

由於業績表現相對穩定，許多非週期性股票標的，跌幅算是比較有限，而且不少都會有穩定的股息報酬。

最具代表性的幾種非週期性股票，例如：電信、服務、零售、鐵路、電力、瓦斯、食品、環境衛生（衛浴相關產品）

圖17 週期性股票與非週期性股票

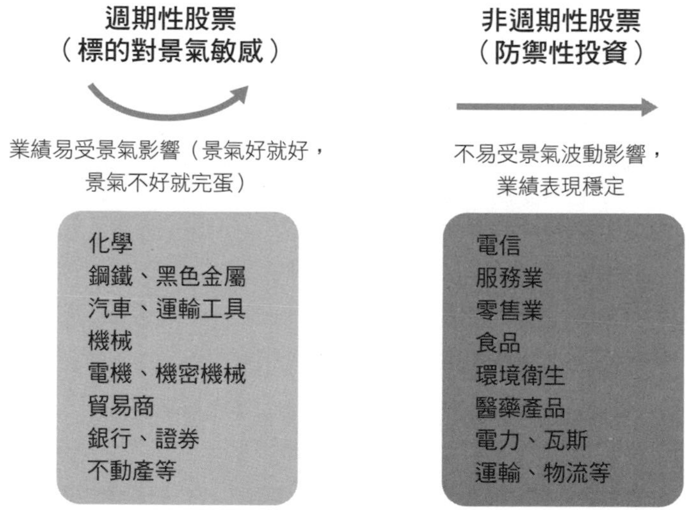

週期性股票 （標的對景氣敏感）	非週期性股票 （防禦性投資）
業績易受景氣影響（景氣好就好，景氣不好就完蛋）	不易受景氣波動影響，業績表現穩定
化學 鋼鐵、黑色金屬 汽車、運輸工具 機械 電機、機密機械 貿易商 銀行、證券 不動產等	電信 服務業 零售業 食品 環境衛生 醫藥產品 電力、瓦斯 運輸、物流等

等等。只不過，鐵路和零售業由於新冠病毒疫情蔓延，政府祭出緊急事態公告等嚴格的防疫措施，使得該產業受到嚴重衝擊。

另外，電力、瓦斯及食品產業，也因為能源或原物料價格飆漲，被迫提高服務費及產品價格，將成本轉嫁給消費者。在這方面，通訊業者因為需要以降低租費的方式因應日本政府的國策，因此可說是早已跨越了這道難關。

如今5G網路（次世代通訊技術）逐漸朝全面普及的方向發展，正在建構前一節提到的訂閱制商業模式（定期付費）的電信產業，極有可能達到穩定的高度成長。

市價總額之外的三個重要指標

正如我先前多次提到，市價總額相對較低的小型股，其股價具備一旦有相當程度的資金流入，就很容易創下驚人漲幅的特性。身為追求年平均報酬率三〇%表現的投資人，是絕不會放過這一點的。

況且，因為企業的規模小，所以只要公司發展步入軌道，在營收或盈餘方面就會顯現極高的成長率。若變率大到足以帶來強烈衝擊，便很容易替股票市場帶來一大驚喜。

此外，**自有資本比率**也會是一大關注焦點。有別於外部資本（向金融機構等來源借入的資本），自有資本（股東出資的資金）不具返還的義務，因此占總資本的比例越高，便可將其視為營運越穩定的企業。

由於公司財務狀況健全，因此容易得到金融機構的融資，也比較不會有突然出現資金周轉惡化的疑慮。

也因為在財務方面保有餘裕，所以就有可能伺機擴大發展業務，甚至可以透過TOB（Take-Over Bid，公開收購股票）執行併購策略。不但股票回購或配息率提升會在預期之中，包括前述的TOB在內，什麼時候蹦出受到市場青睞的題材都不無可能。

還有一個與財務方面有關、想請讀者們事先仔細檢視的指標，就是**有息負債**。該項數字越低，企業償還貸款的負擔就越輕，相對來說也比較有機會增加最終能賺到的淨利。

自有資本比率高的企業，有息負債自然也少，有息負債比率（有息未償還債務總額÷自有資產）就會降低。正如同我在前面介紹自

圖 18 什麼是自有資本比率、有息負債比率和 ROE？

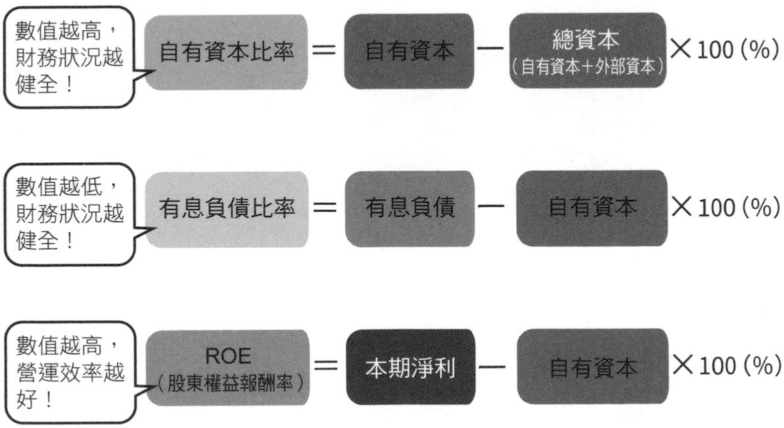
數值越高，財務狀況越健全！
自有資本比率 ＝ 自有資本 — 總資本（自有資本＋外部資本）×100（%）
數值越低，財務狀況越健全！
有息負債比率 ＝ 有息負債 — 自有資本 ×100（%）
數值越高，營運效率越好！
ROE（股東權益報酬率） ＝ 本期淨利 — 自有資本 ×100（%）

有資本比率時所說的，有息負債少的企業容易得到金融機構的融資，這點也會成為一家企業的優勢。

同時，**ROE（股東權益報酬率）**也是一個不容忽視的指標。這是經由「**稅後淨利÷自有資本**」所得出的數值，一家ROE高的企業，即可視為懂得善用股東資本增加利益（投資效率高）的企業。

也就是說，**自有資本比率高（有息負債少）、ROE也高的小型股，就是要鎖定的目標**。

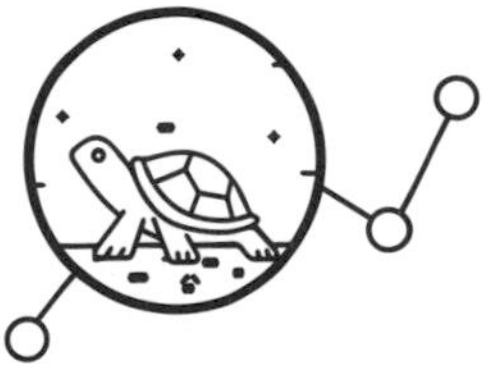

催化劑加持，飆漲後即可獲利了結

我持有的所有標的，都會透過 Excel 表單進行管理，並以此記錄各檔標的營收變化（成長率），以及該時期的預期本益比。本益比的部分不僅記錄了該時期的預估值（根據本季業績發展性計算的數值），還加上確實達到預期成長率時的「五年後的數值」，這就是「今龜庵流」的作法。

這樣的紀錄，每兩週就會更新一次最新的數值。此後，只在標的達到預期成長的期間內持有，這就是我投資股票的基本原則。

倘若有必要立刻從一檔還在成長的股票獲利了結，就表示該標的受到催化劑影響，以至於本益成長比在股價飆漲的情況下達到偏高的水準。**所謂催化劑，指的是在股票投資的世界裡足以牽動股價的題材。**

說到股票市場裡最敏感的幾個題材，包括：資金或商業合作、M&A（Mergers and Acquisitions，合併與收購）、TOB、股票回購、嶄新技術或服務等公開資訊。

雖然是以僅在持續成長的期間長期持有為前提，但若能於短期內拿到成果就能提高資產的運用效率。為此，我也會有意識地選擇有機會受到催化劑加持的股票。

曾經在催化劑影響下股價急漲的標的，同樣的狀況會有接二連三發生的傾向。因此我都會審視過去的新聞，鎖定那些堪稱催化劑「上癮」的小型成長股。

至於那些從未受到催化劑眷顧的股票，我便會維持當初選定該標的的初衷，進行長期抗戰。在業績維持成長的期間長期持有，一旦出於某種因素導致預期的數值下滑，或是遭逢頓挫的話，便考慮是否賣出。

倘若能得出成長只是暫時停滯的結論，就繼續持有；如果不是的話，就算會造成虧損，我也會果斷地賣掉持股。與其死撐著、把機會不大的標的握在手上，將資金轉移到其他更有希望的股票，明顯要合理得多。

公開申購沒中籤？別錯過二波機會

從公司規模小（市價總額相對較低），以及值得期待的高成長率等方面來看，**才剛IPO（首次公開發行）沒多久的新創企業，應該也能算個獨具優勢的選項。**新興市場非但是散戶的主要戰場，這些人大多數也對全新標的較有興趣，因此買家通常要比賣家來得多。

所謂的IPO，原本就是指未上市公司的股票能夠在證券交易所（市場）上市，公開進行交易的意思。剛發行的股票在上市前會以公開發行價格出售，唯有參與抽籤並幸運中籤的投資人才有資格購得。

上市到市場交易後，買賣雙方提出的價格經過折衝就會產生初值（首次成交得以成立的股價）。雖然初值的價格會因為標的差異而有所不同，但首次成交的價格通常會比公開發行價格高，因此**初級市場（以公開發行價格銷售股票）**擠滿投資人，中籤率極低是相當常見的情形。

然而，在初值產生後還能夠長期維持高成長的案例卻非常罕見。多數情況下，IPO標的價格會朝急轉直下後，維持一段低迷時期的模式發展。

對IPO後的新創企業而言，接下來要面對的才是真正的戰場。在初值產生後的**二級市場（二手交易）**中，受到過度期待的標的會落得持續低迷的下場，只有真正能展現高度成長潛力的標的，才能再度掀起

圖19　也是有漲幅遠高於初值的IPO標的！

Money Forward（3994）的股價變化（以收盤價為準）

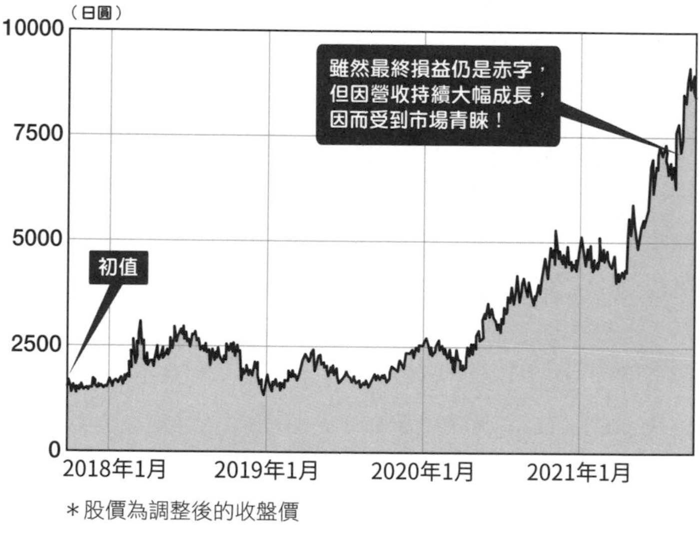

＊股價為調整後的收盤價

一波買氣。

當然，若是要達成年平均報酬率三〇％的目標，該鎖定的股票自然就是後者。仔細審視其事業內容與未來發展性、商業模式特點，以及今後的預期業績，趁著股價還停留在被低估的便宜價位時下手，如此一來，應該就能順利搭上初值形成後的第二波漲勢。

第4章

發現
潛力產業標的

常保積極心態，把機會找出來

兩國的貨幣在交易匯款（FX＝外匯交易）過程中，如果其中一方的匯率上升，另一方的匯率就會下降，這就是一場雙方總和為零的零和遊戲。博弈中的賽馬也一樣，輸家購買馬券的賭金扣除主辦單位賺取的利潤，剩下的錢就會成為分配給贏家的彩金，比賽的彩金與主辦單位賺取的收益總和，也是正負等於零。

一言以蔽之，這就是沒有成長的世界。相對於此，透過股價上升創造新價值的股票投資，則不是一場零和遊戲。

投資的股票價格會隨著公司成長而提升，若市場全體的市價總額能夠擴大，就不會有正負等於零的情況發生。此時最重要的事情，在於投資會成長的公司。

進入第四章，總算要正式介紹如何篩選會成長的公司的具體方法了。但在此之前，我希望各位必須先記住「**股票投資的成功心態**」。

話雖如此，這其實只是一條非常單純的法則。重點就是，**面對投資永遠保持積極心態**是最重要的事情。

只要積極地面對人生，就不時會有大大小小的機會來敲門。一旦抱持消極心態帶過生活，不僅無法察覺到來的機會，就算發現了機會，也很有可能根本不會付諸行動。

不光是思考、就連行動也要積極，如此一來才**不會只是空等機會降臨，而是主動打開雷達，努力去把這些機會找出來**。若能調整自己的心態，能夠找到機會的可能性自然就會提高。

再者，要有效利用好不容易掌握到的機會，平時的調查、分析以及經驗的累積，便顯得十分重要。雖說我非常感謝上天帶來這麼棒的機運，讓我成為能夠碰上雷曼兄弟事件或安倍經濟學行情的幸運兒，但我確實也具備了同樣積極的心態與行動。

冷靜拋開偏見，敢於質疑常識

就一般常識而言，我在退休後重新開始的第一筆投資就是下重注挑戰J-REIT，大概會被視為極度危險的投資行為吧。不動產市場蕭條，以致多家新興地產開發商接連出現經營困難的危機，就連J-REIT裡頭也出現了破產標的，大多數人會有這種想法，也是理所當然的事情。

然而，我卻帶著「現在投資J-REIT真的很危險嗎？」的想法，開始質疑起世人的常識。J-REIT是在二〇〇一年首度於東京證券交易所上市，當時我曾參加過它所舉辦的說明會，因此對其商品性質了然於胸。

正如同我在第一章說過的，投資租賃不動產的J-REIT，主要的收益源頭是由租金收入帶來的穩定金流。就這點來看，J-REIT卻被當成破產企業的不值錢股票倒賣，如此發展，簡直令我百思不得其解。

此外，因為資金調度困境而成為 J-REIT 首度破產的公司，其破產原因其實在於資金還沒有著落，卻宣布要買下大型物件，最後因為資金周轉失利以致背負巨額的違約金。也就是說，該公司破產只是一起個案，實際上要找到因為資金周轉問題導致破產的例子，無論在海內外都很罕見。

換句話說，投資出租物業取得租金收入，再將獲利分配（返還）給投資人的這套經營模式，本身並沒有任何問題。即使如此，在大量拋售下，價格暴跌至最高價二十分之一的標的卻接連出現；與此同時，作為配息主要資金來源的租金收入，雖然受到景氣影響導致惡化，但並未出現斷崖式的損益。

其結果，就是讓配息報酬率高漲至四〇%，因此我才會決定投資 J-REIT。雖然我也曾思考過續跌的可能，但畢竟跌幅的風險相當有限，而且我的想法是：「就算價格續跌，只要持續有配息進帳，光是持有就能進帳高額配息。」

社會的風潮時常形塑僵化的偏見，所以我認為，**在投資時常保冷靜的眼光，質疑社會常識，會是非常重要的事**。

要質疑社會常識，也許不是一件能輕易做到的事情。一旦想法與周遭觀念不同，便很容易產生「是我太奇怪了嗎？」的不安，而且多數情況下還會老實地接受那些透過媒體發表的政客、官員或專家的說法。

只不過，這種**刻板印象（多數人恆久不變的認知）卻不見得一定是正確的**。甚至可以說，遭到大幅扭曲的事情也不在少數。

其中算得上經典案例的，也許莫過於國家財政平衡（政府預算餘額）的相關論調了吧。日本自一九九二年起，便處於財政赤字的狀態，長期以來總會聽到應該想辦法立刻讓國家財務由負轉正才對的聲音；但我認為，這種由財務省主導的錯誤財政紀律論，正是害日本陷入數十年無法擺脫通貨緊縮泥淖的主因。

二〇二一年底，日本舉債首度突破一千兆日圓，報導指出「經過換算，平均每位日本國民要背負八百零八萬日圓的債務」，但這樣的解釋本身就是巨大的誤解。這種說法是將國債視為國家背負的債務，所以不得不透過加稅的方式償還，如此政策不僅造成國民的負擔，還會導致通貨緊縮的情況加劇。

無論是儲蓄金、人壽保險或年金，全都是透過國債的資金來管理，從這角度來看，國民還比較像是債權人的角色，根本沒必要代替國家返還債務。只要不引起極端的通貨膨脹或貨幣貶值，日本銀行都可以盡情發行貨幣，因此只需大量購買國債就行了。

不光是「國債=國民的負債」，「股票投資所得這類非勞動所得根本是在賺黑心錢」的想法也算是一種偏見，我也曾聽說過更極端的論調，像是「貧富差距是社會之惡，因此所有國民都該變窮」的說法。但我們要追求的本該與之相反，是能讓所有國民過上寬裕生活的社會才對。

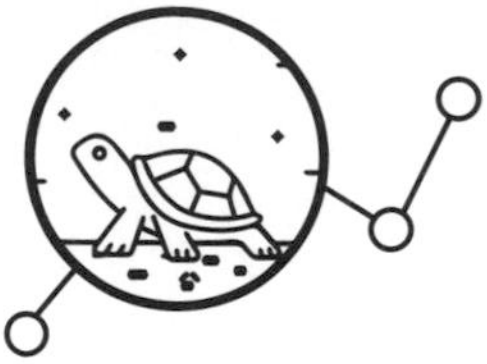

面對機率遊戲，風險控管要抓牢

只要冷靜地思考，就會發現人類經常陷入奇妙的思維陷阱裡。例如，陸上交通造成死亡的肇事機率，遠高於相對罕見許多的飛機失事案件，卻有不少人對後者感到恐懼。

另外，縱使中獎機率再低，人們還是會對自己買的彩券抱持「說不定會中」的期待。人們經常像這樣抱持不切實際的感覺與情緒，胡亂地下決策，若是以這樣的心態投資，可就得冒上巨大的失敗風險了。

我認為，投資就是一場計算「機率」的遊戲，縱使贏面再大也會有失算的時候。在投資的世界裡，**就算能賺錢的機率再高，要是草率地全額投入，是很有可能就此退場的。**

為了盡可能減輕失算對整體資產造成的傷害，首先就需要具備風險控管的本事。在股市當中，形勢發展不如預期的例子比比皆是。

此外，根據行為經濟學的「展望理論」（prospect theory），人類心理具有「損失規避」的特性，就投資人來說，人們對於損失的反應比收益更敏感，經常會憑本能優先選擇能夠規避損失的交易。

當股價如預期般成長並產生獲利空間的時候，便急著獲利了結，但蒙受損失的時候反而拚命抓著不放，規避投資上的確定性損失。其結果就是浪費好不容易到來的所有機會，只能獲得少許利益，還老是抱著早該賣掉的「陳年老股」遲遲不賣，放任損失的部位持續擴大。

每個透過投資股票增加資產的投資人，都會採取和「展望理論」完全相反的行動。在**股價如預期般成長時不急著獲利了結，情勢不如預期的時候則果斷停損（防止損失擴大認賠賣出）**，也就是所謂「損小利大」的投資行動。

投資風格不同，判斷也不同

二〇二〇年三月，在新冠病毒的首波感染潮來臨，以致股市急速下跌的情況下，有五位我向來相當敬重的投資人，他們的見解出現了三大分歧。首先，A、B兩位投資人的看法如下：

「新冠病毒的問題遲早會解決，股票市場終究會恢復穩定。雖不至於到應該立刻大量買進的程度，但情況也沒糟到需要把持有股票賣掉的程度。既然相信公司業績且出於長期持有的心態買進的話，現在還是先沉住氣放眼三到五年後的發展吧。」

相對於此，C投資人的見解如下：

「現在的波動性（價格瞬息萬變）越來越高，我這種時候還留著投資部位才覺得奇怪。我想，在疫情問題解決以前，出清投資部位才是上策。先保命比較要緊，賺錢的事以後再說吧。」

另一方面，D、E兩位投資人的態度如下：

「現金部位原本就已經拉高到五〇～七〇%，但現在價格感覺是維持在當前的低檔狀態，所以考慮投入所有部位買進。」

這幾位投資人的立場乍看之下差異頗大，但我認為他們五位的想法都沒有錯。A、B投資人是基於基本面分析進行長期投資，同時將信用交易視為禁忌。若不是在對市場低點相當有把握的情況下，進行信用交易不僅風險大增，最糟的情況下甚至有黯然淡出股票市場的風險。不過，若是以長期立場投資股票現貨的話，只要肯

圖 20 疫情爆發後的日經指數股價

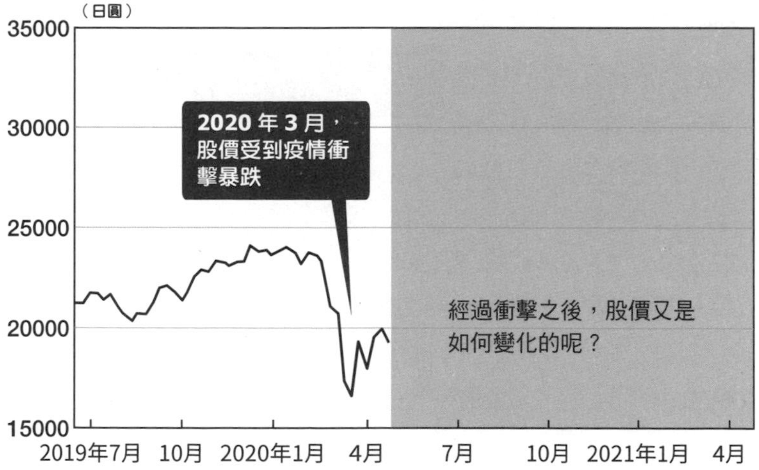

等待，就很有可能看到市場恢復穩定。

至於出清所有股票部位等待情況轉變的C投資人，應該是屬於同時運用基本面分析與技術分析，並主要以中期立場進行波段交易的投資人。而在波動性變高的市場中，胡亂進行波段交易確實是件風險相當高的事情。

像這樣的交易風格，我也覺得等到市場回穩再重新尋找有贏面的時機，以及有望帶來勝利的標的也不算太晚。**投資股票最重要的原則，就是不要因為有勇無謀的失敗，不得不黯然退出市場。**

至於投入所有部位強勢買進的D、E投資人，就是屬於價值型（低價股）投資

圖21 疫情衝擊後，觸底反彈的日經指數股價

的追隨者，他們比較重視的，應該是漲跌比率或評價損益比率等指標。

漲跌比率是將增值的股票檔數除以貶值的股票檔數所得出的數值，是用以衡量股票價格是否過熱（搶買、搶賣）的指標。

評價損益比率這種指標，則是用來判斷透過信用交易購買股票的投資人損益情況，一旦該比率的負值提升（蒙受損失的投資人變多），投資人為避免「融資追繳」導致交割的情形更加頻繁，使得股票價格更容易續跌。不過，當負值恢復到一定水準時供需便會好轉，此時股價通常會觸底反彈。

就結果而言，股價從此開始正式反彈，截至二〇二一年四月為止，日本股市皆持續維持一慣的上漲趨勢，波動性也急速下降。隨著股市回穩，原本出清股票部位的C投資人，如今大概已經改變方針了吧。

把條件設對，資訊過濾才有效

正如同我從本書開頭以來便多次提到，我鎖定的目標都是股價反應相當敏感的小型成長股。話雖如此，但**關於小型股的定義，始終沒有諸如「市價總值○億日圓以下」的明確標準**。

在東京證券交易所的「股價指數規模」的分類中，市價總額（股價×發行股票數）和流動性居於前一百名的股票屬於「大型股」，此後的四百檔股票被劃分為「中型股」，非前述兩類的其餘標的全都會被歸類為「小型股」（市場重整前的規定）。結果，便產生出這個經由相互比較形成的基準，致使大型股與中型股、中型股和小型股之間不曾存在明確的界線。

在篩選投資標的時，大多數投資人應該都會使用資訊過濾工具對吧，但如果將「市價總值○億日圓以下」設定成檢索條件的話，恐怕就有可能會忽略掉市值介於中型股和小型股之間的股票。

資訊過濾是基於量化數據或資料進行「定量分析」的技術，雖然能夠協助我們客觀的判斷情況，但實務上正如先前所述，在界定上依然存在灰色地帶。

只要輸入條件就能即時篩選出合適標的，從這點來看，資訊過濾的確是方便又有效率的工具，但我會刻意使用具變動性的方式挑選候補的投資對象。我會親自審視《公司四季報》上的業績欄，仔細在營收大幅成長的公司當中，從市價總值最有可能大幅飆漲的規模裡挑選，並且在經過進一步詳細分析後做出最後的判斷。

此時，我也會針對是否有催化劑（推升股價的題材）突然出現的可能性進行確認，縱使沒有發現相關資訊，但只要是業績有機會大幅成長的公司，就會被我保留在最終選擇的名單內。原則上還是**將好的業績表現列為首要條件**，有無催化劑並非選擇股票的關鍵。

然而，我並不是要否定資訊過濾工具本身的能耐。事實上，我平時就經常運用「**公司四季報 Online**」（会社四季報オンライン，https://shikiho.toyokeizai.net/）網站裡豐富的**資訊過濾**功能。

例如，要透過預期業績過濾投資標的時，就可以選擇以本季預期或下季預期、本季乖離率（實質業績與預期業績的差距）等各項條件，當作切入點進行篩選。此外，它還能替用戶挑出條件符合選股指標的股票，藉由各項技術分析，甚至還能找出業績有望由負轉正的股票。

除了豐富的資訊過濾功能以外，每日更新的資訊，也是「公司四季報 Online」的一大魅力。

《公司四季報》會運用「淨利連創新高」（連続最高益更新）、「營業利益成長幅度增加」（増益幅拡大）等**報導標題**，簡潔明確地點出公司營運狀況。而只要加入「公司四季報 Online」的付費會員，就可以透過這類標題來檢索標的。

另外，還有個叫做「股探（株探）」的投資資訊入口網站，也是我經常瀏覽的頁面。它不但會即時發布結算快報，還有個依照新聞內容顯示分類的「**市場新聞**」專欄，在檢閱上相當便利。

雖說會發布市場狀況或個股相關新聞的網站所在多有，但多半內容駁雜令人看得眼花撩亂，對自己有益的資訊很容易被埋沒在龐大的新聞洪流裡。但是，「股探」可以讓你豪不費力地專心閱覽自己有興趣的消息。

例如，只要點擊「題材」的標籤，就能立即掌握受到催化劑推動的股票。另外，它還設有企業公開資訊專區，提供使用者查找企業方是否發布了與催化劑有關的正式公告。

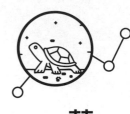

著眼未來！「今龜庵流」本益成長比

現在回想起來，我能趕在安倍經濟學行情來臨前找出J Trust實屬運氣。畢竟這檔標的當時的預期成長率高達每年三〇%，但相對於它的預期獲利，用以判斷股價水準高低的預期本益比卻不超過五倍。

本益比倍率會低到這種程度是相當罕見的事情，顯示這檔標的正以極低的價格水準遭到市場冷落。凡是具備一定程度的股票投資知識的投資者，一眼就能看出它有多麼物超所值。

但J Trust畢竟隸屬於非銀行金融機構產業，當時整個業界確實處於返還超額利率的不利情勢之下。更何況，整個股票市場仍舊籠罩在安倍經濟學行情來臨前的悲觀氣氛中，使得參與交易的投資人極其有限。

相較於當時的情況，現在對市場投以火熱視線的投資人人數早已不能同日而語。有潛力維持高度成長卻被冷落的低本益比標的，數量已經變得相當稀少。

也就是說，若以「年化報酬率三〇%讓資產十年翻十倍」為前提，尋找能幫助我們達成目標的便宜小型成長股時，本益比幾乎已經淪為無效指標。話雖如此，各位也沒有必要感到悲觀。我早就已經察覺到本益比這種指標的侷限性，因此選股時偏重的，向來是其他指標。

那就是我曾在第三章簡單帶過的本益成長比。接下來我將依序為各位詳細說明，但重點還是在於不能只看眼前的預期業績，而是要預先設想今後的成長，才能夠判斷目前的股價水準是否偏低。

即使本益比的高倍率顯示出偏高的價格水準，但這終究不過是對於業績現況給出的當前評價。假如，該標的在下一季依舊能維持大幅度成長，那麼本益比的倍率就會下降。

本益成長比就是像這樣，在校正本益比水準前提醒我們，股價依然維持在偏低水準的指標。

我們先在這裡重新總結一下，相較於未來的成長性，用以衡量當前股價是否仍維持在偏低水準的指標，就是所謂的本益成長比。它的計算公式為：「預期本益比÷每股盈餘成長率」。若標的成長率越高而其價格越低，計算出來的數值（倍率）就越低。通常本益成長比低於一倍就算低，若高於兩倍則會被視為價位偏高的股票。

只不過，我所使用的可是「今龜庵流」的改良版本益成長比。先從計算公式來看，算式為：「**下一季的預期本益比÷每股營收成長率**」。

改良處有二：首先，第一個改良處是針**對日後的成長率，不再透過盈餘，而改從營收的變化進行判斷。**接著，第二個改良的地方，則是**預期本益比不再使用本季的數值，而是改用下一季的數值替代。**雖然盈餘

圖22 一般的本益成長比與「今龜庵流」的本益成長比之差異

一般的本益成長比 ＝ 本季的預期本益比 ÷ 每股盈餘成長率

「今龜庵流」的本益成長比 ＝ 下一季的預期本益比 ÷ 每股營收成長率

可以靠降低成本等方式硬撐起來，但若不是業績有實質成長，營收就不可能增加。至於本季的預期本益比數值，則很有可能已經反應在股價上。

由於企業方公布的都是本季預期業績，因此我使用的是《公司四季報》編輯部計算的下一季預期業績數值。就我個人的觀點來看，透過**「今龜庵流」計算的本益成長比，數值小於一的股票價格就算低**。

縱使標的本益比值高達五十倍，只要營收成長率達到五〇%，那也是「本益成長比＝五〇÷五〇＝一」，所以不必猶豫，下手買進就對了。

然而，光是看到本益成長比低於一倍就決定買進的話，就太過亂來了。例如，假設本益比倍率早已達到一百倍的超高水準，若該標的本益成長比要壓在一倍以下，日後的營收成長率勢必得高達一〇〇%才行。

當前股價已上漲到相當程度的股票，預期營收要出現如此劇烈的成長幅度，這樣的推測也許有點太過不切實際。發現本益比高達一百倍的股票，再怎麼說也不應該出手。

下一季的預期本益比，出現五十倍這個數值大概就是極限了。在這個前提之下，**只要標的「營收成長率＞下一季的預期本益比」的話，本益成長低於一倍即視為低價股票。**

不過，使用「今龜庵流」的本益成長比也有需要留意的地方。這點其實也適用於原始版本的本益成長比，那就是計算時所使用的本益比和成長率，全都只是預估的數值，實際上無法確定是否能達到預估的數值。

可想而知，今後的業績（實際表現）與營收成長率的預估值，兩者之間是有可能產生落差的。為此，**在透過本益成長比認定一檔價格水準偏低的標的並買入後，仍有必要持續深入地觀察它的業績變化。**

此後，我會在第五章詳細進行說明，但只要實際表現不如先前用於計算本益成長比的營收成長率，並且能夠推測出這種情況並非暫時性現象時，就該立刻考慮出售手中持股。

雖說投資人的情緒沒必要跟著各季結算起起伏伏，但確實地檢視營收變化，仍舊是重要的功課。

此外，我除了依靠《公司四季報》所提供的預期業績，還會回顧過去三季的實績變化，參照企業方於中期經營計畫當中提出的目標，同時計算我個人版本的營收成長率。由於進行這類調整需要相當程度的投資經驗與知識，因此各位還是先使用《公司四季報》提供的預期業績計算指數，之後也別忘記要用心觀察業績變化的情況。

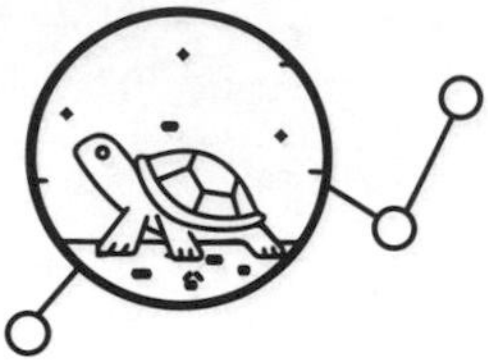

不必孤軍奮戰，有交流才能看見更多機會

我從二〇一七年八月開始使用推特，並且透過這個平臺與各種不同的投資夥伴深入交流。以前，我甚至還會在推特上傳這種發言：

「我是一個普通人，雖說因為運氣不錯搭上安倍經濟學行情的順風車，但身為一名跟風型投資人，今後還是要請大家多多和我分享投資消息。」

我可沒有開玩笑的意思，這則貼文忠實地陳述了我對投資同好們的感謝之意。透過推特和大家互動交流，至今讓我獲得許多光靠自己無法察覺的重要資訊。

我也藉此得到許多接下來該鎖定什麼股票的靈感，我之所以自稱「跟風型投資人」，是因為我會持續關注同好間熱烈討論過的標的，經過親自調查後若覺得「這檔好像不錯！」就會跟著投資。

剛開始就算難得有人會跟我分享投資資訊，卻因為自己力有未逮而錯過大好機會，事後徒留遺憾的情況不勝枚舉。當時還不斷反省並提醒自己：「再不提升自己的技術，可是會辜負投資夥伴們的好意啊！」

我開始使用推特的二〇一七年，股票投資（全年收支）獲得了九十一％正成長的佳績。帶動這波成長的股票包括：**RIZAP** 集團、北方達人、**IR Japan**、**Gunosy**、青山財產、中村超硬、**JIA**、**Escrow Agent Japan**、日本 **ES CON**、**Open House** 等標的。

其中，也包括許多投資夥伴告訴我的「跟風標的」。乍看之下，股票投資就像是投資人獨自面對市場孤軍奮戰的孤獨世界，但在社群平臺普及的今日，它卻展現出團隊合作的另外一面。

只要積極地與他人交流，不斷將自己所知的資訊對外發送出去，就能夠找到和你產生共鳴的同伴，進而讓整個資訊傳遞網路擴展開來。

有一次，我在參加某企業的股東大會時晚了幾分鐘到場，當我拿到編號「〇〇一」的入場券時，頓時感到驚訝不已。就在我抱持著「不會只有我吧？」的想法走進會場後，這才發覺現場除了我以外根本沒有其他人出席，然而會議主席已經在臺上平靜地展開業務報告了。

就這樣，股東大會默默地進行，沒多久便來到股東提問的時間。畢竟讓會議就此結束的話，離開會場時也不免尷尬，於是我便提出了兩個問題，待企業方回答完後便結束了這場會議……

當天要是我沒有出席的話，這就會成為一場無人參與的股東大會。恐怕，工作人員已經做好相當程度的準備了吧，我真的覺得他們實在很辛苦。

假如打從一開始就沒有任何人參與的話，就算直接省略業務報告的過程似乎也無所謂，沒想到企業方還是按照流程進行會議，這點倒是讓我很驚訝。

不過，我想說的並不是「出席人數太少感覺很不好意思，可以的話還是出席股東大會吧」，而是股東大會其實是可以近距離觀察經營者的珍貴機會，要是不撥空參加的話，對投資人而言就是一個損失。

自己持有股份的企業所舉辦的股東大會自不用說，舉凡證券市場博覽會或個別公司的說明會，**凡是有經營高層現身說法的場合我都會積極地參與**。此外，研討會或座談也都是向專家或其他資人學習觀點或分析技術的絕佳機會。

縱使現在已經是個能夠輕易取得各種資訊的時代，但我依然認為**人與人透過當面交流所傳達的「心聲」，是無法從網路上得到的事物**。

2019 年 7 月，造訪中國深圳參觀宮越控股公司的都市開發現場

親眼看著對方，直接聽見對方說話的聲音像相當珍貴的。我總是要求自己，絕對不能錯過任何親臨商業前線的機會。

例如二〇一九年七月的時候，我就曾跟著投資夥伴們一起到中國的深圳，去參觀我所買進的宮越控股公司在當地的都市開發現場。

同月的下一週，我又去參加了由我買進的IPS舉辦的股東招待會，前往菲律賓展開一趟視察之旅。該公司正在進行國際數據通信的連線服務，這趟旅行的目的就是去參觀公司在當地的營業據點。

由於只有持股數達一定程度的股東才能參加，所以當時我是趕緊買進增加持股數，最後順利中選，這趟巡視之旅才得以成行。

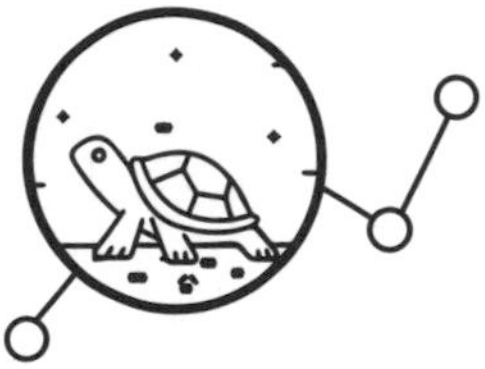

「今龜庵流」的四大類小型成長標的

至今，我所投資的小型成長股，一共可以分成四大類。接下來就依序為各位說明。

❶業績成長幅度可望達到三〇%

在達成「年化報酬率三〇%讓資產十年翻十倍」的目標上，有意以它為投資核心的標的。如果每年業績能增長三〇%的話，股價可望跟著成長的焦點標的。

做為一本會長期陳列於架上的單行本書籍來說，即使在本書執筆的時間點向各位介紹我目前關注的標的，等各位讀到時，也許已經錯過好幾檔股票的成長階段了。為此，我決定列舉幾個過去（二〇一九年時）在這個類別裡較為知名的標的，像是BEENOS或Digital Garage，都堪稱經典案例。

尤其需要特別注意的地方是，各別標的商業模式的優勢或業績成長的動量指標持續性。

❷出現刺激業績飆漲材料

推出劃時代的新產品、新服務，或者是宣示入主眾所期待的新事業等等，全都屬於出現刺激業績大躍進材料的標的。在我過去曾關注過的標的當中，到中國深圳展開大規模開發計畫的宮越控股公司，和推出免前置費用即可導入LED照明系統、廚房或商店設備的Nexyz.Zero 服務的 Nexyz.Group 等企業，皆屬於這類標的。

❸隨時代潮流興起的主題概念

在股票市場中最受矚目的焦點，就是可能為人類生活帶來重大影響的主題概念股。例如早已開始普及的有4K和8K影像解析度、雲端服務、5G（次世代通訊服務），以及即將開始引發變革的IoT（物聯網）等概念股。至於以公寓等集合式住宅為受眾，推出通訊服務的 Arteria Networks 和 GIGA PRIZE 等公司，則是過去在這個類別中我曾關注過的標的。

❹遭倒賣價格有望反彈

雖然因為被倒賣導致當前價格持續低迷，但就長期來看需求極有可能成長的標的，就要以反向操作的方式進攻。就二〇一九年的時間點而言，東京奧運開辦後需求有低迷之虞的不動產業、因美中貿易摩擦被看壞的半導體產業、機械相關產業，都算是典型的例子。

就結果而言，新冠病毒造成的疫情蔓延雖然帶來了預料之外的影響，但東京奧運開幕後並未對不動產市場造成直接傷害。而國際間的對立，眾所周知如今已朝著完全不同的方向發展。至於我過去所關注的標的，則有 Sun Frontier 不動產、Raysum、OPTORUN 及村田製作所等企業。

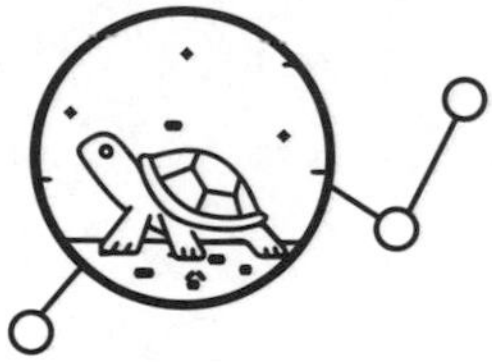

不同概念「排列組合」，篩選潛力攻略目標

基於歷史數據所整理出來的未來潛力產業，包括：**❶科技業（電信、網路相關）、❷服務業、❸零售及餐飲業、❹不動產與其他金融業（非銀行金融機構）**等。

當中，由於時代將隨著DX（數位化轉型）的腳步演進，因此市場對❶科技業（電信、網路相關）會產生極高期待，這點可說是最容易想像得到的事情。

至於❷服務業，在極為廣泛的不同領域中，出現了有望推出劃時代服務的企業。在這之中，以推出持續性收益模式（講得更直接一點就是訂閱制度＝定期付費）者，長期來說尤其具有潛力，這點我在第三章就已經提到過了。

另外，❸零售及餐飲業的營收則因為疫情蔓延受到嚴重傷害，如今正處於即將全面恢復的階段。但多數標的不是今後股價的復活之路漫長，就是還沒完全走完淘汰階段。這點

請各位要多加留意，

最後的❹不動產與其他金融業（非銀行金融機構），因由於較為冷門而鮮少獲得投資人的關注，因此堪稱是遭到市場冷落的低價股寶庫。就長期的角度來看，股價水準修正應該是指日可待。

不過，真要實際從這四大類當中挑出投資標的，大概會讓你感到無所適從不知該如何下手吧。這個時候，**結合幾種被市場熱烈關注的概念股**，再來挑選標的也不失為一種選擇。

例如，結合**科技與DX**的話，推出代發身分認證SMS（簡訊服務）服務的Accrete、提供商用通訊工具的AI CROSS、設計網頁廣告數據分析管理系統「蜂巢」的Macbee Planet等選項，自然就會浮現在你的腦海裡。

另外，若將**醫療與DX**的概念結合，就能聯想到經營為醫師提供資訊的網站的CareNet或MedPeer、線上診療和藥物配送平臺J Frontier，以及經營人工植牙和矯正等牙科自費項目相關網站的Medical Net等標的。

若是結合**5G和網際網路**的話，跨足無線通訊事業的SYNCLAYER、提供公寓等集合式住宅網路連線服務的GIGA PRIZE、向菲律賓通訊和有線電視業者販售國際線路的

IPS都是極具代表性的案例。

至於在**機械與半導體**方面，則有美國行車紀錄器半導體製造商Techpoint、創下全球第三這個傲人佳績的半導體檢測用具探針卡製造商日本美科樂電子、以鉑、鉉等金屬加工見長的古屋金屬等標的。

若再進一步結合**EV（電動車）和5G**的話，則會找到開發固態電池這種次世代電池專用的固態電解質的三井金屬，還有專門製造車用電池使用的電解銅箔的日本電解等標的。

至於**服務業**方面，由於涉及的範疇實在過於廣泛，若以概念股結合的方式考慮投資標的，能夠列舉的對象幾乎是多得數不清。因為礙於篇幅無法逐一列舉，所以我會依據其服務項目，為各位挑出幾個我目前正在關注的投資標的。

而受到市場冷落的**不動產與其他金融業（非銀行金融機構）**，我也會一併統整於左頁的表格供各位參考。

以下，就為各位簡單介紹這幾檔投資標的：

包括提供求職或不動產資訊等主題式一件檢索服務網站的事件、經營著名集點網站

「Moppy」的 CERES，還有推出提供科技產品比較和資訊申請網站的 INNOVATION，和在數位廣告領域持續成長的 DIGITALIFT。

以製作產品使用說明書，以及維修指南這類小眾市場服務見長的 CRESTEC。

旗下擁有 GMO Click 證券和 GMO Coin 加密貨幣等公司的 GMO Financial 控股公司、靠著「Flat35」穩坐業界房貸固定利率龍頭的 ARUHI、主打中古車貸款和保障（保固）服務的 Premium 集團，以及專為獨立財務顧問（IFA）提供業務支援服務的 AI Partners Financial。

經營有利於延分期納稅的營業租賃商品的 FPG、開發新建及活化不動產的 LA 控股公司、正在東京二十三區推出投資型單人套房的 Good Com Asset，和運用不動產投資基金經營高級飯店投資事業的 Wealth Management。

今龜庵目前（2022）關注的概念股

科技 ×DX	
Accrete（4395）	AI CROSS（4476）
Macbee Planet（7095）	
醫療 ×DX	
CareNet（2150）	J Frontier（2934）
Medical Net（3645）	MedPeer（6095）
5G× 網際網路	
SYNCLAYER（1724）	GIGA PRIZE（3830）
IPS（4390）	
機械 × 半導體	
Techpoint（6697）	日本美科樂電子（6871）
古屋金屬（7826）	
EV× 5G	
三井金屬（5706）	日本電解（5759）
服務業	
事件（3679）	CERES（3696）
INNOVATION（3970）	CRESTEC（7812）
DIGITALIFT（9244）	
不動產與其他金融業（非銀行金融機構）	
LA 控股公司（2986）	Good Com Asset（3475）
Wealth Management（3772）	FPG（7148）
GMO Financial 控股（7177）	ARUHI（7198）
Premium 集團（7199）	AI Partners Financial（7345）

選擇「旨在豐富人類生活」的投資標的

無論是從哪個類別篩選投資對象，都要隨時留意一件事情。那就是在**挑選投資對象的時候，務必選擇其商品或服務能夠為人們的生活帶來富足的企業**。

近年來，企業開始加強自身的ESG（環境保護、社會責任、公司治理）意識，世人對聯合國所訂定的SDGs（永續發展目標）關注度與日俱增，這使得企業不能光顧著追求獲利，其成果能否為社會帶來貢獻的這項使命，重要程度也隨之與日俱增。

雖說能夠對社會帶來貢獻的方法有很多，但我認為它所帶來的成果，就該要讓人們的生活更加富足和舒適才對。

當中堪稱最具象徵性的概念就屬DX（數位化轉型）一詞了，它具有「透過科技發展為人類生活帶來全方位的進步」之意。我認為投資股票也是如此，應該把資金託付給有能力改變社會，讓人們過著幸福生活的企業。

若是站在這個角度展望未來的話，將科技領域視為在改變社會方面發揮主要功能的角色，大概也不為過吧。其中**我最關注的產業就是IoT**了，若是讓家電、汽車甚至社會基礎建設等設備，經過網際網路進行整合的話，就很有可能讓具突破性的便捷服務陸續問世。

此外，隨著IoT的普及，對於網路安全服務的需求必然也會跟

Tips >>> 數位化轉型與物聯網

數位化轉型（digital transformation，簡稱 DX）作為一個涵義廣泛的商業用語，本指資訊科技的融入，使生活各方面變得更好。日本的 IT 研究公司 IDC Japan 為其下了一個企業層面的定義：運用第三平臺（雲端、行動技術、大數據分析、社群等），提供新的產品、服務乃至商業模式，改變線上與現實世界中的客戶體驗，創造價值與競爭優勢。

物聯網（Internet of Things，簡稱 IoT）指的是透過網際網路串聯起實體物件裝置的系統技術，讓裝置之間可以透過網路連線互動，從汽車、家電、醫療器材、工業工具乃至軍事科技，都在其應用範圍。透過物聯網可以打造智慧型環境，但其網路技術的安全性，目前仍是一大瓶頸。

著增加。

但畢竟是受到眾多投資人看好的產業，可想而知相關標的股價變動幅度自然不會太小。但我認為，只要業績還在成長而本益成長比仍停留在一倍以下，就是一個極具吸引力的投資對象。

即使短期內出現股價回跌的情況，但只要產品符合世界的需求，長期而言股價應該會呈現上升趨勢才對。

第5章

五十年
股海經驗談

投資文化差異，造成國民資產落差

根據日本銀行三月中公布的《資金循環統計（快報）》，截至二〇二一年十二月底，日本個人（家庭支出部門）金融資產總額較前年度同月底增加了四・五％，首度突破兩千兆日圓的大關。日本國民的個人金融資產總額，是在金融泡沫破裂的一九九〇年站上一千兆日圓；也就是說，經過三十年的歲月，才達到兩倍的成長。

《日本經濟新聞》將金融資產增加的原因，全都歸功於日本國民節儉的美德。這則新聞的報導如此寫道：「貸款金額未見增長，同時對未來感到不安的國民節制消費，傾向將所得存進銀行。」

就企業而言，就跟在業績無法成長的情況下增加保留盈餘一樣，姑且不論三十年的時光有多漫長，大家也許會覺得日本人實在非常努力。然而，若拿來與歐美的情況比較，我

圖 23 英美日家庭金融資產變化表

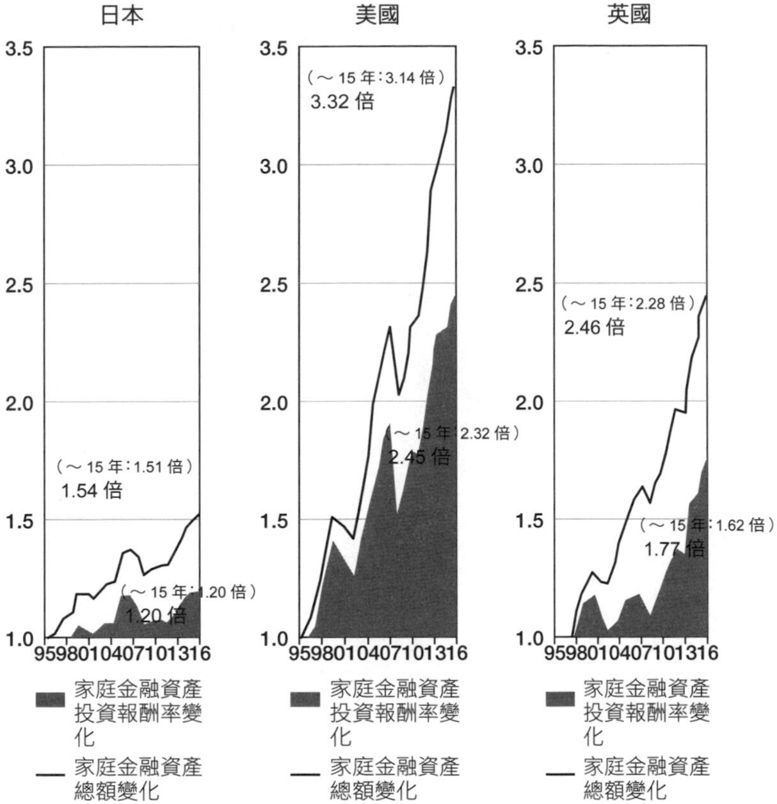

（註）1995 年＝ 1（唯有英國 1997 年＝ 1）
引自：日本金融廳《平成第 28 行政年度金融報告》

想結果也許會讓多數讀者無言以對吧？

圖23裡的圖表，顯示的是歐美日個人金融資產總額的變化情形。由於引用的是金融廳《平成第二十八行政年度金融報告》的資料，因此圖表僅會顯示至二〇一六年年底的結果，但從這張圖表中可以看到，**相對於從一九九五年起的十一年間成長一．五四倍的日本個人資產，美國個人資產成長率是日本兩倍以上的三．三二倍，而英國也有二．四六倍**，與日本相較之下有極大的落差。

而之所以有如此大的落差，其原因在於資產的投資報酬率存在很大的差異。圖24為歐美日個人（家庭）金融資產結構的對照圖，日本人在現金、儲蓄金所占的比重超過一半。

但遺憾的是，儲蓄金早就已經維持近乎零利率好長一段時間了。只要日本一天不脫離通貨緊縮，儲蓄利率就沒有任何上升的可能。

相較之下，美國自然不用說，就連歐洲在股票和投資信託上的占比都比日本大得多。歐美日之間的投資報酬率差距，就是產生自金融資產結構的差異。

倘若日本人能夠減少一點現金和儲蓄金的比重，轉而運用在投資方面的話，可想而知投資報酬率必然會出現顯而易見的成長。況且，資金會透過投資重新進入社會循環，從而

圖 24 家庭金融資產結構：歐美日比較

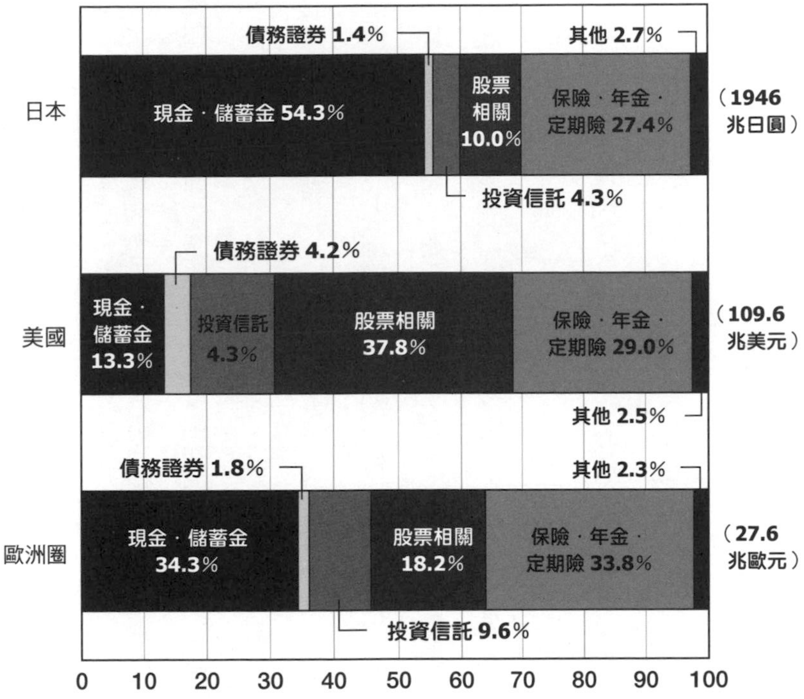

（註）資料時間為 2021 年 3 月底

引自：日本銀行調查統計局《歐美日資金循環之比較》

帶動景氣成長，企業的營收自然也會好轉，原本死氣沉沉的薪資便很有可能恢復生機進一步提升。

此外，在景氣好轉的帶動之下，股價也會受此氛圍影響隨之上漲，進而提升個人資產的投資報酬率。只要資產能夠像這樣順利增長，國民就會放心地打開錢包從而帶動個人消費。

如同本節開頭提到的，日本這三十年來主要是依靠節儉才讓個人金融資產總額得以翻倍，然而日本的GDP（國內生產毛額）相比其他國家，卻幾乎沒有任何成長，始終無法脫離通貨緊縮的泥淖。雖說當中也不能排除政府與日本銀行政策的影響，但我認為造成這種情況最主要的原因，就是絕大多數的國民都將資產以現金或儲蓄金的形式置之不理所導致。

一旦資金無法循環經濟就無法循環，我們也無法在真正的意義上享有富足。

一個商業上的創新想法，縱使再怎麼能滿足人類社會的普遍需求，若沒有資金就無法成為一門事業。此時，為企業家提供資金的就是投資人。

就算成功創業，要是沒有能一起打拚的夥伴，也無法成就一門事業。創辦人唯有提出足以打動人心的任務或願景，才能號召支持者共同推動事業發展。

因此，倘若一家公司推出的產品或服務無法被社會接受，它的事業就不可能上軌道。只有獲得使用者高度肯定，產品和服務被消費者持續回購或廣泛推薦，事業才有機會發展下去。

與這類企業活動具有關聯性的所有人，就統稱為持份者（利益關係人），各自處不同立場的每個人都會盡到自己的責任，企業也就得以存續。而與企業活動有關的每個人彼此信任，並且相互尊重才能維護最健全的關係。

從這個角度看來，透過投資股票賺錢，可說是投資人基於對創業家（經營者）、工作人員推出的產品或服務，以及使用者的喜好，抱持信念並投入資金所產生的結果。簡單來說，**財富源自於信念**。

我想只有在自家產品或服務豐富了人們的生活，進而對社會做出貢獻，對企業而言才是無與倫比的幸福吧。我希望為這種企業挹注資金的投資人，也能夠意識到：自己的行動，實際上也是在為整個社會盡一份心力。換句話說，當企業業績成長的同時，就是在為社會做出貢獻；同樣的，當投資人資產增加的同時，也是在為社會做出貢獻。更何況，我一直都認為，日本人應該要拋開「股票收益是令人良心不安的非勞務所得」的思想才是。

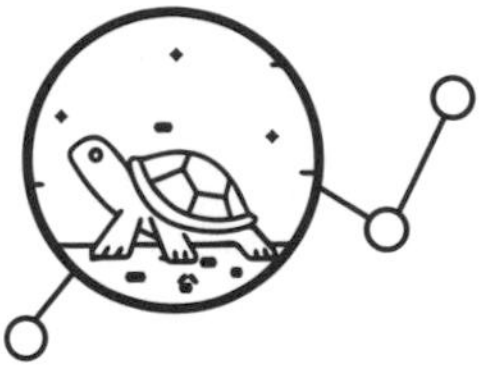

盡力留在市場上，是成功最重要的關鍵

從大學時代持續投資至今，我深刻地體會到，**累積的經驗越多，對股票投資決勝時刻的把握度就越強**。我非常慶幸能趁著自己年輕的時候，踏入股票市場的領域。

不過，「今龜庵流」的交易法，常給人每次都要投入大筆資金，對市場發起重大挑戰的印象，要是我從二十多歲就用這種方式操作的話，大概就沒有辦法在股票市場存活到今天了吧。恐怕，我會在投資的早期階段就遭逢嚴重虧損，隨即耗盡資金，被迫退出股票市場才對。

靠打工賺錢當資本的大學時期自然不用說，拿零用錢玩股票的上班族時期也絕不硬著頭皮投資，這才得以持續待在股市進而累積豐富的投資經驗。

正所謂「堅持就是力量」，若非盡一切努力在市場中存活下來，可就連堅持的本錢都沒有了。**為了避免資產一旦遭逢失敗就會大幅縮減的情況發生，永遠都要記得在做好風險控管的前提下進行投資。**

另外，絕不能總是以想到什麼就投資什麼的心態做交易，必須自行擬定投資策略，並**且在過程中不斷嘗試錯誤，進而找出最適合自己的方式**才是股票投資中最重要的事情。經過腳踏實地的不斷驗證與修正，屬於你個人的投資風格將會逐漸成形。

我能夠理解每位投資人想盡快取得成果的焦慮，但如果本身不是天賦異稟的股市天才，也沒有累積相當程度的經驗，要想迅速致富是極為困難的一件事情。而累積積驗的方式，就只有增加交易的次數（累積交易經驗）一途。

在剛開始投資的起步階段，想必常會因為難以取得穩定的成果陷入焦慮，但越是這種時候就越要忍耐，唯有堅持下去才能打開你的視野，內心的決勝直覺也自然會日益茁壯。

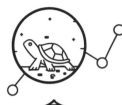

會讓我考慮賣出的三種情境

通常在面對到以下三種情境時，會讓我考慮賣掉持股，分別是：**❶股價急遽上漲以致價格水準偏高時、❷業績出現成長遲緩、惡化的跡象時、❸發現比現有持股更有潛力的標的時**。雖說我會盡可能在股價偏低的局勢下買進，且作為一名鎖定小型成長股的投資者，我也還算是個成長型投資人（投資成長股），但會讓我賣掉持股的原因，應該與價值型投資人（投資低價股）並無二致。

我這個人對於買進時的價格完全不在意，買進時的股價會有多高，僅視我個人的狀況決定，何況買進價格與該標的股價走勢沒有任何關係。

當股價出現❶這樣偏高的情況時，就沒有理由放著不賣，發展不如事先規畫的❷也是如此。至於❸，當有其他更具吸引力的標的出現在眼前時，會採取這樣的行動也是相當合理的事情。

最重要的是，**無論當下的損益狀況如何，一旦符合上述三種情境我便會毫不猶豫地賣掉持股**。投資人出於個人因素而被買入價格綁住，以至於誤判脫手時機的情況不勝枚舉。

如果符合這三種情境就立刻脫手，有時候固然可以成功獲利了結，但有時就只能夠立即停損。不過只要業績能夠按照預期成長，基本上我都會選擇繼續留下持股。

在沒有重大事件衝擊股市的前提之下，股價基本上常會跟著業績變動，因此出現評價損失幾乎是不可能會發生的事情。只不過，從不在意買進價格的我倒是沒有特地去確認過就是了……

反之，萬一業績因為某些情況產生意料之外的發展，只要無法判斷是否為暫時性的現象，我就會認定該標的符合❷的條件立即賣出持股。這裡再和各位重申一遍，其結果視買進價格可能會成功獲利了結，也有可能只能做到立即停損。

接下來，我將對前文提到的三種賣股情境，在此為逐項為各位進行說明。

所謂「股價急遽上漲以致價格水準偏高」的情境，是指相對於公司的成長潛力，**顯示標的價格水準高低的本益成長比，達到偏高（兩倍以上）水準**的情形。

我總是站在長期的立場投資小型成長股，在業績維持或是超出預期成長的期間，保留持股就會是我的基本方針。

然而，一旦有任何催化劑（推升股價的題材）出現，使得股價在短期內飆漲至本益成長比達到偏高的水準，此時怎麼說也得要獲利了結。

當市場對催化劑感到樂觀以致股價以猛爆性成長（過度反應）之勢急速上漲時，就有可能陷入暴漲後大跌的窘境。即使如此，只要業績持續增長的話，要繼續保留持股也沒問題，但當本益成長比顯示該標的可能處於過熱狀態時，將賣出持股列入考慮才是上策。

再加上我在選股時，都會刻意挑選常釋出資本或商業合作、M&A、先進技術或服務等，容易對股票市場造成影響的催化劑出現的標的。就這點來看，符合情境❶被我賣掉的股票並不少。

在業績成長沒有低於預期的情形下，由於股價以出乎意料的速度快速推升，因此循情境❶的模式賣出持股就能儘早獲利了結。

相較於先前提到的M&A等能立即推升股價的好題材，我選股時的「高成長」這一大前提條件，簡單來說其實就是一點一滴影響股價的催化劑。

既然原本就是循成效緩慢的模式進行投資，有速效型的催化劑出現加速股價推升，不過就是把收穫的時間提前罷了。

要是買進的標的成長低於預期，甚或是業績一路躺平的話，就表示自己當初規劃的藍圖（預期）事實上大有問題。也就是說，既然在判斷上出了問題，乾脆爽快地認清自己的失敗才是明智之舉。這種情況，便符合情境❷「業績出現成長遲緩、惡化的跡象」的賣出模式。

正如我在前面幾頁所提到，我根本就不在意自己買進時的價格高低。因此，循模式❷賣出的損益情況，完全視當時的賣出價格決定。

倘若剛好能以高於買進時的價格賣出持股自然就有獲利，但若以低於買進時的價格賣出也只能算是立即停損了。話雖如此，無論最終結果是賺是賠，同樣都代表著我的預期出了問題，對我個人來說都只是一次的失敗。

不過，如同我在第四章所述，「股票投資就是場機率遊戲」，無論輸贏都是理所當然的事情，只要重整旗鼓，好好面對下一次的交易就行了。

此外，我雖然都會檢視各季的財報，但即便報表上的數字不好看，我也會思考這是否屬於暫時情況或者是因為特定因素所致。所以，不能光憑業績表現就斷定其成長不如預期。

只要全年度業績增長的大趨勢沒有改變，便保持樂觀的態度繼續觀察下去。反之，**即便僅出現成長放緩的微弱訊號，一旦發現自己的預期出了問題，我也會馬上脫手獲利了結**。

然而，某些標的因為手中持有股份實在太多，再加上小型股的流動性不高，有時也會出現難以一次出清持有股份的情形。遇到這種情況，就只能夠少量多批賣出持股。

應該脫手賣股的情境❸，則是「發現比現有持股更有潛力的標的」的時候，這也算是種相當合理的行動。

相較於目前持有的股票，新目標「在哪些方面更具潛力？」這個問題，可從**預期成長率是否更高、相同成長幅度下股價是否更便宜、足以衝擊股價的催化劑有沒有可能出現**等角度來探討。

當然，假如資本尚有餘裕，而持有標的看似依然具備維持高成長率的潛在動能，不賣股、轉而投入新資金，也許就能解決這個問題。但如果沒有這樣的餘裕，又將所有現金用於投資（幾乎不保留現金部位全力投資）的話，在風險控管方面又會產生疑慮，因此將資金轉移到可能更有效增長的標的會是比較保險的方法。

只不過，毫無節制地在短時間內於各標的之間不斷轉移資金或許可行；但說到底，我們終究是以長遠眼光期待標的拿出好表現，況且，稍有閃失可能在轉賣過程中沒有獲利不打緊，還白白花了多次交易手續費，得不償失。

最常見的投資失敗案例，就是多次隨意更改自己在投資之初所設定的時間軸所致。最典型的例子，就是本來是為了炒短線而買進的股票，因為出乎意料的下跌只好暫時保留觀望局勢（不知不覺就演變成長期投資）。

與之相反的案例，則是原本是打算長期投資的標的，卻因為急功躁進，還沒觀察到任何不如預期的跡象，就早早賣出轉而買進其他標的，這樣的例子也不少見。

個人投資方針或策略的動搖，將直接導致投資失敗的情況發生，因此要循情境❸賣股之際，務必慎重考慮再做決定。

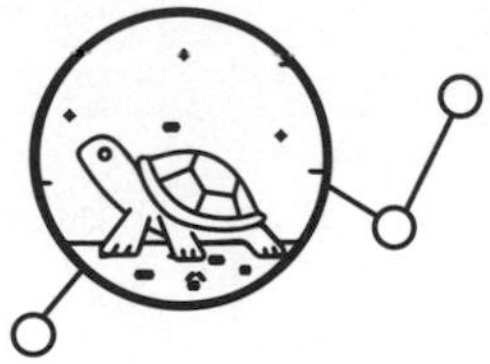

不要「愛上」標的，才能洞察時機

股市菜鳥也許很難理解這樣的感覺，但多少有過交易經驗的投資人，聽到把股票投資比喻成談戀愛的話，大概也會心有戚戚焉才對吧？

事實上，股票市場有句「**不要愛上標的**」的格言。

一旦對特定標的抱持強烈特殊情感，便很難做出客觀的正確判斷，容易導致投資失敗的結果，因此才會出現這句話以告誡投資人。

舉例來說，當現實的業績變化早已明顯偏離了個人預期時，即使出現保持冷靜就能察覺的危機，但礙於對該標的抱持的特殊情感，只得持續忍受虧損的投資人並非少數。

簡直是「愛情使人盲目」的最佳寫照，無法果斷和對方分手（停損）只好心不甘情不願地維持這段關係（持有）。其結果，就是使之淪為一張「陳年老股」，除了當事人以外應該都能明白這個道理才對。

當標的業績成長幅度出現不如預期的徵兆時，「今龜庵流」的做法是**直接和它分手**。最重要的是，唯有投資人開始透過具體數據檢視標的，才能排除多餘的情感，看出潛藏的問題。

在投資市場當中，有句話叫做「**目光如炬值千金**」。這句話，也是給諸多曾在股票市場中遲遲無法停損，最終嚴重受創的投資人的警語。

無論是買錯標的或者誤判交易時機，就算是老練投資人也很難避免犯下上述錯誤，只要不是根本性的大問題，其實不需要過度緊張。但若發覺判斷有誤，又不及時加以修正的話，就會對投資表現造成相當大的影響。

最後容我再補充一點，市場上會將受到價格吸引而買股的行為稱作「**愛上價格**」，各位讀者也應審慎以對才是明智之舉。雖說，有投資經驗的讀者難免會有「趁便宜買到賺到」的心態，但價格要低到何種程度才算是便宜的股票，仍有待參考各企業的業績等各項數據後才會知道。

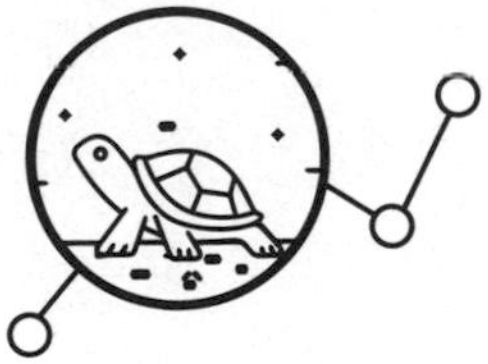

四成勝率足矣！重點在於「贏多少」

不光是投資股票，但凡與勝負有關的大小事，只要輸多了便很容易被世人貼上輸家的標籤。當然，有時確實也會出現敗局已定、難以挽回的情形，但在股票市場上，過度關注敗場數才是需要深刻思考的問題。

也許有不少讀者會感到意外，但縱使十次交易中有六次失利，最終仍能獲利的情況並非不可能。換句話說，**勝利的品質相較於勝率更具意義**。

這點，講白了其實就是「**損小利大**」的道理。只要盡可能把損失降到最低，並且注意別急著獲利了結的話，整體來說就能夠獲利。

那麼，實務上究竟該如何實踐「損小利大」的道理呢?在投資市場當中，有句話叫做「**獲利不貪快，停損勿遲疑**」。

它的意思是說，在行情持續看漲的情勢下，沒有必要為了盡快獲利（獲利了結）而急著賣股；然而，當標的價格正持續走跌之際，若猶豫再三、遲遲無法及時停損（處分損失）的話，就會導致損失不斷擴大，投資人務必多加留意才是。

首先，在股價如預期般上漲的時候先別急著脫手，應該要撐到局勢即將產生變化的徵兆出現，盡可能地擴大盈餘。就「今龜庵流」的交易術語而言，就是等到本益成長比等數據顯示股價達到偏高水準時，才是脫手獲利了結的最佳時機。

反之，當股價並未如預期般成長，甚至一路下跌時，趕緊認賠出清持股，透過最小幅度的損失來止血。這樣做自然符合「今龜庵流」賣出持股的情境❷，即「業績出現成長遲緩、惡化的跡象」的定義，在處於有如遭受新冠疫情衝擊，以致整體股票市場大跌的局勢之際，迅速停損、暫時取回資金，也是比較保險的做法。

只要持續努力避免資產遭受重創，無論遭逢多少失敗也不至於身負重傷，這時只要一次按預期發展的成功交易，即可充分挽回過去的失敗。

正如同先前所述，「損小利大」的投資基本原則，就是盡可能降低失敗交易所造成的損失，同時透過成功的交易賺取巨額的利益。話雖如此，若事前沒有自行構思藍圖協助自己進行判斷，終究還是無法擺脫憑感覺投資的問題，容易導致投資方針出現變動。

就「今龜庵流」的小型成長股投資來說，「縱使業績成長幅度高達年增三〇%，只要本益成長比倍率低於一就算便宜的股票」就是我選購標的時的判斷準則。換句話說，我預期該標的是要以「股價應該隨業績增幅成長，拿出三〇%左右的投資報酬率表現」的藍圖發展才對。

當然，我早就已經做好只要有業績成長幅度趨緩等，發展不如預期的情況出現，就會立刻賣出持股的打算。不過，只要業績依然如預期般成長，就算目前股價下跌也沒有賣掉持股的理由。

除了在遭受衝擊導致整體市場價格崩跌時，暫時將資產轉化成現金明哲保身以外，**買入價格和目前股價跌幅有多深根本不重要**。假如，跌勢完全沒有停止的跡象，當務之急就是先深入研究下跌的主因，確認市場上是否有不利股價的負面題材出現。

只要業績如預期般成長，也未見其他值得擔憂的負面題材，那就不必過度擔心，抬頭挺胸好好抓牢手裡的股票即可。**只有「今後，股價是否上漲（或是否不漲）＝業績是否增長（或是否不增長）」的個人判斷，才是決定交易時機的關鍵。**

藉由社群媒體、線下聚會以及投資講座等平臺，我得以和投資夥伴深入交流，而這些經驗讓我深刻體會到，縱使是身價「破億」的投資人，每個人還是有其不同之處。

有些人視賺錢為首要目標、不顧一切地拚命努力，有人早已坐擁數十億身家財產卻還想更上一層樓，也有人在享受人生的同時務實地投資，更有人將賺來的資產回饋社會，諸如此類族繁不及備載……

雖然這些身價「破億」的投資人，各自活出了非常不一樣的人生，但這些人都有一個共通點，那就是：他們從來不會被過去的失敗綁住，每次交易都會把心情調整好。

相對來說，資產未見增長的投資人，面對失敗時多半會抱持「下次要把輸掉的討回來」的心態。只不過，像這樣**為過去的失敗感到懊悔進而感情用事，就很難冷靜客觀地做出判**

斷了。

我之所以完全不在意買進價格，其實部分原因也是為了避免受到「現在賣掉肯定得賠多少錢」的不良心態左右。只要覺得有不符規劃的情況出現，無論當下的損益情形為何，盡速賣出持股就對了。

再者，無論投資的成敗結果如何，都必須將之視為過去的歷史，好好面對接下來的全新交易。投資人唯有向前邁進，無須對失敗感到恐懼。

由於**只要察覺到自己的錯誤就會立即修正**，我才得以避開導致資產逐步流失的嚴重傷害。**正因如此，就算十次交易只有四次成功，我的資產還是能夠保持正成長**。

在九次交易取得四勝五敗的情況下，被失敗綁住的投資人常會抱持「絕對要討回來」的想法，以致於逞強孤注一擲的例子，比比皆是啊。

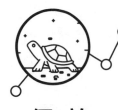

放眼半年後，保持超前部署的心態

正如同我在第四章曾說過的，受到新冠病毒疫情蔓延影響，使得全球股市在二〇二〇年三月遭受嚴重衝擊，導致股價嚴重崩跌。回顧這段期間，就結果而言股價大幅反彈，其漲勢更是一直維持到二〇二一年。

全球主要都市被迫全面封閉（封城），經濟活動甚至陷入休克狀態，但何以股價還能夠逆勢上漲呢？主流的看法是，由於遭受這波歷史性災難的主要國家，其中央銀行全都實施了前所未見的量化寬鬆政策，以至於大量閒置資金流入股票市場所致。

然而，若無任何值得期待的事件，即便有再多資金也沒有理由流進股票市場裡。如果將時間從市場一片悲觀的三到四月，快轉到半年之後的話，大家應該會回想起這時經濟活動正逐漸恢復，甚至還推出了「Go To Campaign」（日本政府為重振因新冠疫情受挫的旅

遊業而推出的大規模財政補貼）的振興政策呢。

也就是說，**股票市場期待的是未來半年的這些變化，正是因為市場對未來的預期才使得股價隨之上升**，進而反映出市場的預期心理。尤其從個別標的來看，其快速反應的跡象更加顯著。

圖25是任天堂二〇一九年秋天至二〇二〇年秋天的股價圖表，疫情爆發之際，該公司的股價同樣也是大幅下跌。

但不久之後股價隨即反彈，並且輕易地漲破疫情前的最高價格，其後更持續維持上漲的勢頭。畢竟，疫情期間的繭居生活，使得人們對遊戲的需求急速

圖25 洞察半年後情勢的行動（以任天堂為例）

增加，該公司出品的「Nintendo Switch」甚至熱賣到斷貨。

半年後，早在結算報告將上述成績轉化為數字公開以前，多數投資人已經搶先一步收購任天堂的股票，為股價帶來一波強勁的漲勢。

投資股票不該只看「經濟活動停擺，未來一片黑暗」這種發生在眼前的事實，將眼光放在未來「一旦封城解除會發生什麼情況」才是最重要的關鍵。

當時，多數人應該都是抱持「景氣都要變差了（股價不可能上漲），哪有心情買股票」的想法吧；可是，洞悉半年後的情勢知道該如何行動的投資人，早已悄悄買進諸如任天堂這類標的，做好布局了呢。

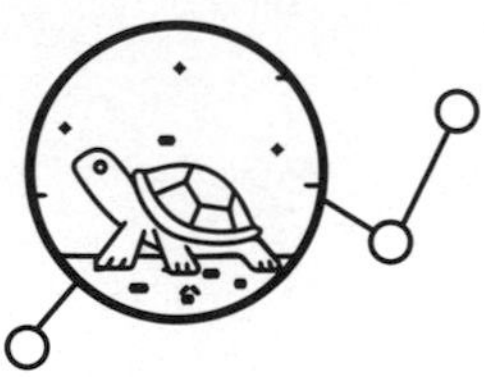

不放棄分析，才有機會洞察良機

過去被稱為「虛擬貨幣」，如今世人稱之為「加密貨幣」的比特幣（BTC），剛開始嶄露頭角並且為世人所知的那個時候，我曾視之為「投機」而非投資，對它完全不感興趣。如今回想起來，我才察覺到這說不定是自己判斷上出了問題，也許經過分析就能看見它的無限可能。

第一顆比特幣誕生於二〇〇九年一月，隔年五月比特幣開發者便以一萬枚比特幣買到兩片披薩，完成了史上首次的比特幣交易。當時比特幣的價值，大約為一BTC＝〇・二日圓。

讓它得以在世界上打響知名度的關鍵性事件，是二〇一三年在歐洲賽普勒斯爆發的一場金融危機，當時投資人為了避險（資金避難處），以法定貨幣購入比特幣，買氣大為活絡。二〇一七年，比特幣的價值更是加速上漲，到了同年底縱使以日圓計價，比特幣還是刷新了最高價（兩百三十五萬日圓）的紀錄。此後，幣值雖在二〇二〇年三月受到疫情衝擊影響下跌，但隨即反彈上漲，更於同年十二月睽違三年刷新了最高價格，二〇二一年十一月幣值更是達到史上最高的七百七十萬日圓（約六萬九千美金）。

直至今日，我依然不曉得該如何正確估算加密貨幣的價格，但**只要持續放大自己的投資感應力，在漲勢萌芽的初始階段便展開分析，或許就能掌握價格上升的線索也說不定。**

圖26 比特幣幣值的長期走勢圖

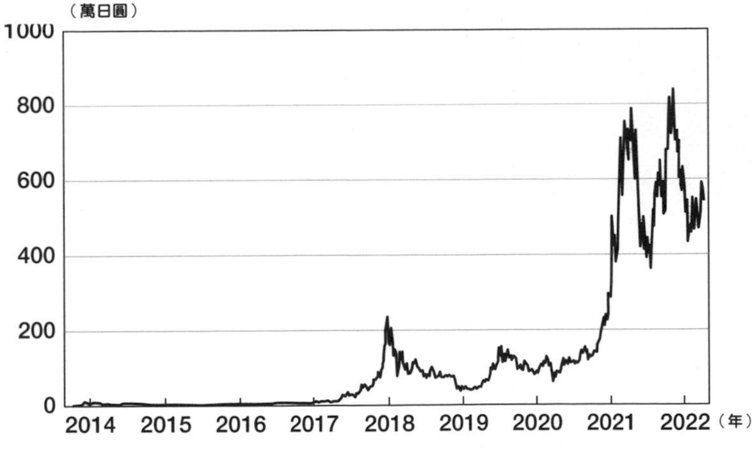

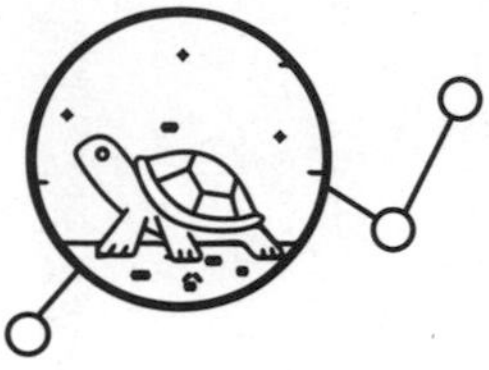

集中或分散，利弊得失怎麼看？

正如「**雞蛋不要放在同一個籃子裡**」這句格言所說，投資界一直以來便十分推崇分散投資的做法。要是將所有雞蛋都放進相同籃子內，萬一不小心打翻，恐怕整籃的雞蛋就全毀了。

既然如此，只要將雞蛋分別裝進數個籃子裡，縱使不小心打翻其中一個，也能確保其他籃子裡的雞蛋安全無虞。這道理也適用於投資市場，若將資金分散投入多個標的，縱使遭受些許損失也能靠別處的獲利彌補，也比較容易確保收益的穩定。

確實，處於分散投資對立面的集中投資，雖一旦預測命中就能一舉賺得龐大的利益，但萬一預測失準就極可能蒙受嚴重損失。將資金分散投入不同產業或特性（如業績易受景氣牽動的週期性股票，或不易被景氣影響的非週期性股票等）的標的，的確能減輕投資人需要承擔的風險。

話雖如此，**分散投資會限制預期報酬率，卻也是不爭的事實**。這就像買下的十張彩券全數中獎一樣，投資表現總會被預測失準的標的影響。

就這點而言，我認為，不分青紅皂白地大力鼓吹投資人最好分散投資的風氣，其實大有問題。我認為若是透過可靠的資訊，**在有自信地決斷下做出的交易**，雖不至於有必要傾注一切資金全力買進，但**投入相當程度的預算集中投資才更有效益**。

也許是生在通貨緊縮循環時代的緣故，面對高齡及少子化加劇的嚴峻現況，對未來不抱太大希望的年輕世代們，如今也有越來越多人加入投資的行列。他們倚靠NISA（小額投資免稅制度）或定期定額NISA（定期定額版的小額投資免稅制度）等優惠稅制，定期定額地投資指數連動型的投資信託。

趁著年輕實際進行投資畢竟是件好事，何況年輕世代多半也沒有太多資金方面的餘裕，因此這樣做或許已經是這群人的最佳選擇了。但我個人認為，如果你是已經累積一定閒置資金的人，不如好好運用年輕這項本錢，嘗試挑戰集中投資也不失為一種選擇。

舉例來說，如果能夠湊出三百萬日圓的本金，就可以選擇三個標的分別投資一百萬日圓。就算最後投資沒有成功，你距離老年生活還有很長的一段時間，可說是具有充分的機會可以挽回局面。

沒有必要過度保守，**能夠大膽承擔高風險追求資本利得（轉賣收益=價差收益），不正是年輕世代的特權嗎**？要是這三檔標的其中有一檔被你買對了，這時你還可以用大幅增加的本錢繼續挑戰下去。

或者，**你也可以考慮透過剛開始的集中投資，讓資本成長到一定程度以後，再將這筆資金分散投資**到其他項目上。

正如以經濟獨立和趁早退休為目標的FIRE風潮逐漸受到世人關注，想要「盡早取得大筆資產」的年輕人應該也不在少數才是。

更何況，已經有很多人瞭解到，在實現FIRE方面，投資股票是一種相當有效率的手段。從這層面來看，我認為嘗試挑戰集中投資，也是非常有價值的選項之一。

因為冷門，才更有機會撿便宜

正如我在第四章所提到，不動產在股票市場中基本上屬於冷門產業，尤其在二〇一九年時，市場普遍充斥對東京奧運開辦後，可能出現反作用力導致不動產市場景氣急速惡化的疑慮。

然而，我對這個觀點抱持懷疑、甚至是相對樂觀的態度，認為該產業應該能維持穩定上漲。事實上，雖然有新冠病毒疫情蔓延導致東京奧運延期舉辦，以及居家辦公觀念普及使得首都圈郊外的住宅逐漸受到歡迎等，諸如此類意料之外的情況發生，但不動產市場從未出現明顯惡化的跡象。

從二〇二二年三月公布的公告地價來看，不動產業的景氣從前年起便逐漸復甦，三大都市圈的房價全數上漲。不光在東京奧運閉幕之後，我對於「長遠來看日本不動場市場需求將隨著人口減少陷入低檔」的主流說法，始終抱持著懷疑的態度看待。

隨著單身貴族的增加，我想今後對於單人套房的需求，勢必會穩定地向上成長。此外，伴隨後疫情時代的到來，外國商務旅客或赴日留學的學生人數應該有機會再度增加。

不僅如此，受到高齡化的影響，未來應對遺產贈與稅制規定的需求也將快速增長，可以想見將來會帶起一波運用不動產大幅節稅的熱潮。雖說市場上瀰漫著悲觀的氛圍，實際上卻已悄悄地吹起了一陣風潮，日後必然能夠出現一家掌握住商機，趁勢帶動營收業績成長的企業才對。

而我之所以在第四章，將不動產列為未來潛力產業之一的原因，就是基於上述的背景。**正因為它屬於冷門產業，所以買到便宜的優良企業股票的可能性也比較高**。

在多數投資人的眼裡，只會將個別產業視為一整片的森林（整體局勢）。而深入被漠視的產業裡尋找快速茁壯的樹木（個別標的），雖然容易被人誤以為是在逆向操作，但說到**聚焦於個體發展潛力**方面，我想這就是「今龜庵流」所要討論的範圍。

股息、價差都想賺，哪種標的最有機會？

在市場處於安倍經濟學行情的那段時期，當時的我心裡只想著如何賺到更多的資本利得，多虧有那段時期的成功，我才能建立起相當於退休金兩百倍的龐大資產規模，不過近年來我也不再採取如此激進的投資策略，因此目前的資金配置，主要以維持七〇%資本利得，三〇%股利收益的比例為原則。

而最適合這樣配置的標的，就是**營收年增一〇%且配息報酬率達四%以上的股票**了。只要對滿足上述條件的標的投入相當程度的資金，便能以七比三的比例同時享有資本利得與股利收益。

只不過，這終究只是適用於我的最佳資產管理風格，倘若在讀過本書後，想以「破億」身價為目標的讀者，我在第三章提到的「年化報酬率三〇%讓資產十年翻十倍」才是這類人當前的目標。

在目標達成之前，業績有望每年增長三〇%的小型成長股，才是諸位的核心投資對象。而在資產增加到足以令自己滿意的程度之後，即可採取將資產轉移至能夠同時享有資本利得與股利收益的標的等，靈活調整個人投資策略的做法了。

圖27 能同時享有資本利得與股利收益的範例標的

標的（代號）	主要從事的事業內容
LA 控股公司（2986）	新建不動產販售、翻修不動產販售、不動產租賃等
Techpoint（6697）	防盜監視系統暨行車紀錄器專用半導體設計及販售
FPG（7148）	債務基金、不動產基金、保險業、M & A、金融科技、信託暨證券
NEW ART HOLDINGS（7638）	婚禮珠寶首飾、美容美體、藝術文化
Omni-Plus System（7699）	買賣、研發、製造機械零件專用工程塑膠
Raysum（8890）	資產管理、證券化
Sun Frontier 不動產（8934）	不動產翻修、不動產服務、飯店・觀光

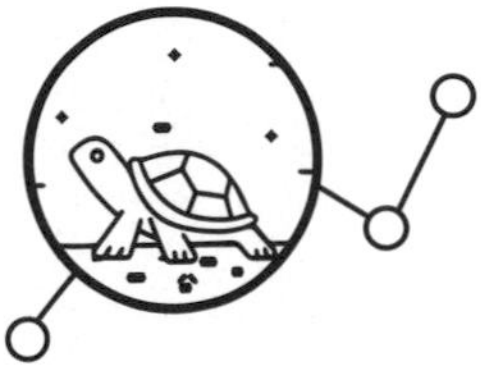

心理素質強大才能運用的武器——信用交易

投資股票的時候，暫時忘掉日常生活的金錢觀是件相當重要的事情。一旦為了「要是這次交易沒虧掉那十萬日圓，早就買得起新的包包了……」而感到懊悔的話，很容易因為顧忌市場風險，在面對交易時變得畏畏縮縮。

確實，要是在日常生活中一下子損失掉十萬日圓，那可真是讓人頭大的數目。可是，投資股票損失十萬日圓所帶來的經驗，卻能得到讓你實際運用在下次交易的寶貴經驗。

投資股票使用的資金，本來就應該是在確保生活無虞後，多出來的閒置資金。若非如此，投資時就很容易感情用事，無法冷靜地做出判斷。參雜感情的投資，只會提高失敗的風險。

說到我在安倍經濟學行情時期所使用的投資策略，除了透過集中投資積極爭取資本利得以外，運用信用交易取得最大程度的資金槓桿（約三．三倍的資金倍率），這種超強勢的進攻策略也是我當時投資的一大特色。這同樣也是近年來較為收斂的操作手法，頂多只是為了替持有的個別標的避險，在整體股市出現下行跡象時，才會拿來當作賣空日經指數ETF（指數連動型上市投資信託）的工具使用。

然而，對於今後想要大幅增加個人資產的讀者們而言，**從最能有效運用手上有限資本的角度來看，信用交易就會變成強而有力的武器**。由於部分證券公司不允許毫無交易經驗的投資人申請信用交易，因此請各位在累積一定程度的經驗後，再來學習使用這項工具。

簡單來說，信用交易就是以現金或證券作為擔保，就能夠向證券公司借貸擔保品估值三．三倍的資金投資股票，信用交易共分為向券商借錢買股的「融資交易」，以及向券商借券賣股的「融券交易」兩種。

和平常的股票投資一樣，「融資交易」鎖定的主要目標是看漲的標的，反之，「融券交易」則是以看跌的標的為使用對象。後者的獲利，是來自股價按照預期下跌時所產生。

值得注意的是，**當股價實際走勢和預期完全相反時，便會產生需要支付追加擔保品（融資追繳）的情形**。資金槓桿的倍率越高，就越容易出現融資追繳的情況，因此要運用這項工具的投資人便須具備強大的心理素質。若是融資追繳會讓你煩惱得夜不成眠，可以考慮壓低資金槓桿倍率，或是避免使用這項工具會是比較保險的作法。

圖28 融資追繳示意圖

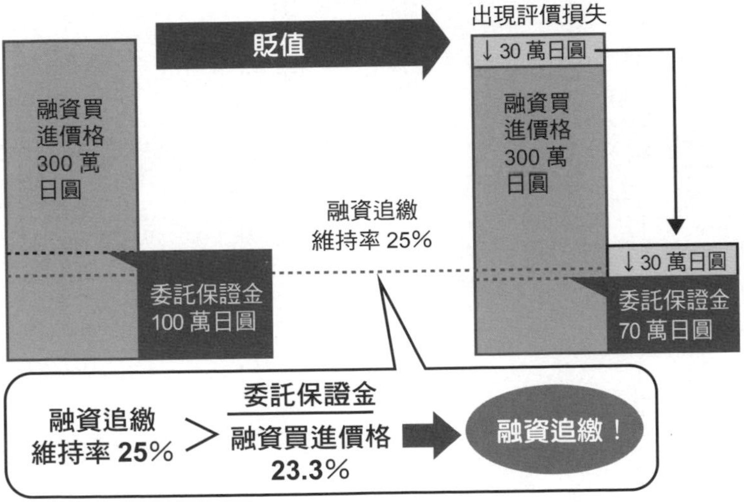

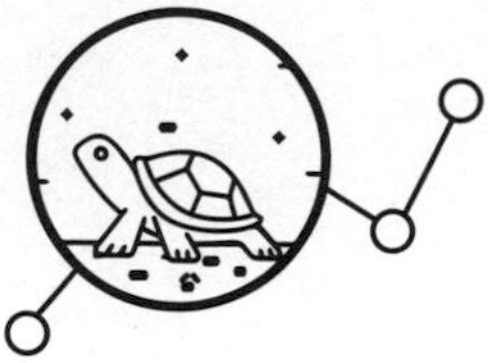

改朝換代，當心政策隱憂

二〇二二年四月一日，當我在推特上看到「岸田首相有意主動下臺」的愚人節梗圖時，我忍不住發了一則推文：

「萬歲！！下禮拜股市要暴漲啦！」

一般而言，新政府剛上臺之際，多少會帶動股市上漲，這種漲勢又稱為「慶上任行情」，但岸田首相剛上任的頭一個禮拜，日經指數跌幅竟然超過了七百日圓，也就是後來眾所周知的「岸田震盪」。雖說全球股票市場之所以低迷，美國金融政策出現轉變可說是最主要的原因，但持續委靡不振的日經指數，其實就是注重分配的岸田首相所提出的「新資本主義」，遭到整個股票市場反對的最佳證明。

股票市場最反感的一件事情，就是政府提高證券交易所得（資本利得）的稅率。要是稅率由目前的二〇%提高到三〇%，日本富人應該就會開始考慮，移民到毋需課徵遺產稅與證券交易稅的新加坡。

此外，個人帳戶可能也會轉移到以法人名義開設的帳戶，全面活化節稅策略。一般投資人大概也只會把資金留在NISA（小額投資免稅制度）帳戶，導致投資額大幅縮減吧。「儲蓄轉投資」的國家政策好不容易走到了這一步，如今說不定還會開倒車呢。萬一資金全數從日本的股票市場外逃，股價自然會瞬間陷入低迷的景況。

屆時，不但投資人的資本利得減少，國家稅收也會跟著一落千丈。也就是說，會有落入惡性循環的可能已是不言自明；神奇的是，政府竟然完全察覺不到如此顯而易見的現實。

我希望國家能以大局為重，祭出鼓勵長期投資的優待政策才是明智之舉。一旦偏愛儲蓄的日本國民，能將他們龐大的儲蓄用在消費或投資上，就可以促進經濟循環，我們也才能告別通貨緊縮迎來薪資成長。

總之，在股票投資這方面，對經濟或金融市場陌生的岸田政府所推動的政策，應視之為主要風險多加留意才行。

結語

持續投資，因爲相信光明的未來

在日文當中，代表獲利的「儲」這個漢字，拆開來看就是「有信念者」。正如我在本書所提到的，想「賺錢」靠的還是「信念」。

我之所以持續投資至今，就是因為相信這個世界和日本終將迎來光明燦爛的未來。反過來說，假如對世界與日本的未來感到悲觀，我大概就不會把資金投入前途一片黑暗的市場裡了。

正因為我相信日本和世界的未來，相信和自己投資的企業有關的許多人，並且相信自己的判斷，並且積極地參與投資，最後才能成功地大「賺」一筆。

自古以來，不少日本人對於「賺錢」這樣的詞彙或行為，抱持著膚淺的觀感，更別說靠投資股票賺取非勞動所得這種事了。然而，相信日本和整個世界的未來，投入資金支持企業，又何嘗不是件積極正面的事情呢？我想與其抱持負面觀感對投資行為到處挑毛病，還不如多花點心思關注能為日本注入活力，點亮光明未來的企業還更加實際呢。

而相信企業的成長，並藉由投資股票給予實質鼓勵，不僅能增加自己的金融資產，也會替社會帶來貢獻。投資人投入的資金會成為企業行動的資本，促使企業成長並替人們帶來更加豐富且舒適的生活。

當然，目前的景氣現況確實很難給人想像美好生活的餘裕，在本書完稿的時間點，籠罩整個世界的可怕新冠病毒持續席捲全球，全新的病毒變異株更是接二連三地出現。同時，烏克蘭的局勢更是加速提高了全球區域風險。這場戰爭，甚至有可能迅速引發嚴重的通貨膨脹，對日本乃至全球經濟造成負面影響。

也許在不久的將來，還有諸多的困難在等著我們吧。即便如此，我還是想要相信人類能夠跨越將來的重重難關。

事實上，自首波疫情爆發至今不到一年的時間，人類已成功開發可供臨床使用的疫苗。雖然在面對重大事件之際，人們很容易陷入悲觀情緒，但我相信人類總是能夠開創出光明美好未來的這段歷史。

當然，眼前我們所要面對的問題若能早日克服，那是再好不過了。我誠心期望眼下的負面題材早晚會有消除的一天，全世界的人們都能回歸能夠放心生活的日常環境。

隨著上述期盼成真的腳步日漸接近，全球與日本經濟也有明顯恢復的跡象，股票市場漸漸找回昔日活力，市場投資人想必都能受惠才對。我引頸期盼這天的到來，同時也打定主意繼續投資股票。

周遭的人有時都會問我：「既然已經坐擁這麼多的資產，這輩子早就不愁吃穿了，既然如此，你又何必冒著風險繼續投資股票呢？」

的確，就常人而言這麼說或許沒錯。但是，我之所以繼續投資股票其實有我的理由。

我想透過投資股票支持特定企業，為該公司以其產品或服務替社會帶來富足的使命貢獻一己之力。我期許自己能藉由這樣的方式貢獻社會，才會在累積大筆資產後持續進行投資。

透過投資支持一家企業，求的不僅是該企業本身的利益，也是嘉惠公司高層、員工、投資人，甚至於使用其產品或服務的顧客。我認為唯有福祉擴及所有持份者（利益關係人），才是資本主義社會的本質。

另外，這部分雖然屬於個人隱私，其實有提撥部分投資所得回饋社會的打算。雖說金額不高，但我也會捐款援助貧困孩童及動物保護團體，今後我也會繼續為這類團體提供支援。

寫到這裡雖然已經來到了尾聲，但我依然非常感謝各位讀者願意把這本書看到最後。本書前段談的是我的前半生，以及如何讓退休金成長兩百倍的過程，中段以後則是向各位分享有關小型成長股投資的自身所學、經驗談、過程中掌握的投資手法和訣竅，以及投資人必須具備的心理素質等等。

但願本書的內容能夠幫助各位讀者，有效地增加個人金融資產。

二〇二二年四月吉日　今龜庵

RICH
ARK
致富方舟

RICH
ARK
致富方舟